Lettre à Dieu

DU MÊME AUTEUR

Romans

LES CHEVAUX DU SOLEIL, Grasset, 1980, édition en un volume, Omnibus, 1995.

LE DÉSERT DE RETZ, Grasset, 1978.

LA SAISON DES ZA, Grasset, 1982.

Récits

CIEL ET TERRE, Alger, Charlot, 1943 (épuisé).

LA VALLÉE HEUREUSE, Charlot, 1946 ; Gallimard, 1948 ; Julliard, 1960 ; Albin Michel, 1989.

LE MÉTIER DES ARMES, Gallimard, 1948 ; Julliard, 1960.

RETOUR DE L'ENFER, Gallimard, 1953 ; Julliard, 1960.

LE NAVIGATEUR, Gallimard, 1954 ; Julliard, 1960.

LA FEMME INFIDÈLE, Gallimard, 1955 ; Julliard, 1960.

LES FLAMMES DE L'ÉTÉ, Gallimard, 1956 ; Julliard, 1960 ; Albin Michel, 1993.

LES BELLES CROISADES, Gallimard, 1959 ; Julliard, 1960.

LA GUERRE D'ALGÉRIE, Julliard, 1960 ; Christian Bourgois, 1994.

LA BATAILLE DE DIÊN BIÊN PHU, Julliard, 1963 ; Albin Michel, 1989.

LE VOYAGE EN CHINE, Julliard, 1965.

LA MORT DE MAO, Christian Bourgois, 1969 ; Albin Michel, 1991.

L'AMOUR FAUVE, Grasset, 1971.

DANSE DU VENTRE AU-DESSUS DES CANONS, Flammarion, 1976.

POUR LE LIEUTENANT KARL, Christian Bourgois, 1977.

POUR UN CHIEN, Grasset, 1979.

UNE AFFAIRE D'HONNEUR, Plon, 1983.

BEYROUTH VIVA LA MUERTE, Grasset, 1984.

GUYNEMER, L'ANGE DE LA MORT, Albin Michel, 1986.

suite en fin de volume

Jules Roy

Lettre à Dieu

Albin Michel

IL A ÉTÉ TIRÉ DE CET OUVRAGE
QUARANTE EXEMPLAIRES
SUR VÉLIN BOUFFANT DES PAPETERIES SALZER
DONT TRENTE EXEMPLAIRES NUMÉROTÉS DE 1 À 30
ET DIX HORS COMMERCE NUMÉROTÉS DE I À X

22, rue Huyghens, 75014 Paris

www.albin-michel.fr

ISBN broché 2-226-12151-X
ISBN luxe 2-226-12541-8

Avant-propos de l'éditeur

Jules Roy est mort le 15 juin 2000. Depuis quelques années, malade, éprouvant de plus en plus de difficultés à rassembler son énergie, il avait choisi, avec l'aide précieuse de son épouse Tania, de réviser son journal, tenu jusqu'en 1996, afin de le publier sans attendre, au risque assumé de devoir affronter certaines réactions d'humeur provoquées par des susceptibilités blessées.

Ultime défi, il s'est ensuite attaqué à une « Lettre à Dieu » dont il savait qu'elle serait son dernier message et que, selon sa propre expression, il « la livrerait lui-même ». Par nature, ce texte ne pouvait qu'être inachevé même si l'essentiel en a été poli et repoli par l'auteur comme en témoignent les diverses versions retrouvées sur son bureau.

Nous nous sommes bornés à intégrer dans le manuscrit deux poèmes qu'il avait rédigés en parallèle, ainsi qu'un développement sur le séminaire d'Alger (pages 117 à 131), lui aussi en cours d'élaboration mais dont nous ignorons l'exacte destination.

Son fils, le docteur Jean Louis Roy, a rectifié certains termes médicaux.

Chaque soir, la nuit tombait vite, ça ne traînait pas, on ne voyait plus le cyprès de la route. Sous la lumière dorée de la grosse lampe à pétrole, je dormais déjà, la tête dans les bras. Le repas était fini. L'oncle Jules, mon parrain, lisait à haute voix *La Dépêche algérienne* et, de temps en temps, quand quelque chose l'indignait : « Nom de Dieu... », grommelait-il, ce qui horrifiait ma grand-mère, qui était pieuse. Elle égrenait son chapelet à gros grains d'olivier que sa sœur, qui habitait Boufarik, lui avait rapporté d'un pèlerinage à Lourdes. « Mathilde », disait-elle. Ma mère se levait, m'emportait dans un recoin derrière la cuisine où était mon lit. Me voici sur le matelas de feuilles de maïs sèches et craquantes. « Dis ta prière, Zizi. » Sans ma mère j'aurais oublié. *« Notre Père... »* J'entends alors une voix qui n'est pas celle de ma mère. De qui, alors ?

Celle d'un ange ? De l'ange qui ne m'a pas quitté depuis. Mais les anges ne sont que des esprits, on ne les touche pas, on ne les voit pas, comment les entendrais-je ? *« ... qui êtes aux cieux... »* A l'âge que j'ai, on peut tout croire. Dieu siège peut-être parmi les étoiles que ma mère m'a montrées un soir, qui sait ? Pourquoi n'aurait-il pas envoyé un ange pour veiller sur moi ? Parlant de moi aussi, ma grand-mère dit : « Cet ange. » Pourtant ce n'est pas moi qui parle... Qui est-ce alors ?

C'était la même chose tous les soirs. A la ferme, vous étiez le seul père que j'avais. Et l'oncle Jules, s'il n'était pas content de ce qu'il lisait dans le journal, « Nom de Dieu » à tout propos, disait-il.

Nous allions à la messe au village pour Noël et, pour Pâques, Meftah attelait les deux chevaux au break, l'oncle Jules conduisait, je me mettais devant lui, les femmes derrière. Au village, on s'arrêtait devant l'église parmi toutes les voitures. Des chevaux hennissaient, nous descendions. L'oncle Jules confiait la voiture à un vieil Arabe et rejoignait ses amis à l'Espérance, le café où tous les hommes allaient. Lui n'était pas croyant et se targuait d'idées avancées. Il se disait même socialiste. Après la messe, j'allais le chercher dans un nuage de tabac et le brouhaha. Les femmes étaient déjà dans la voiture, l'oncle Jules donnait quelque chose à l'Arabe, pas grand-chose, l'Arabe n'avait pas l'air content, nous repartions par une immense allée d'eucalyptus qui sentaient bon.

Je commençais à me demander qui vous étiez, seigneur Dieu.

La ferme était à quatre kilomètres de là, et à une vingtaine de kilomètres au sud d'Alger, dans la riche plaine de la Mitidja, toute bleue de vignobles. Le village s'appelait Sidi-Moussa, Moïse en arabe. Il était peuplé à l'époque de trois ou quatre cents Européens, sans compter les Arabes dix fois plus nombreux et dispersés partout dans la montagne proche. Eux, ils étaient très religieux, ils croyaient en Dieu. Déjà, c'était très important pour nous de savoir si vous existiez ou non, et qui était le plus grand, du leur ou du nôtre, de vous. Cela se passait vers 1910, les mentalités se valaient, quelques esprits réfléchis prévoyaient un avenir plutôt sombre pour nous. On ne nous appelait pas encore les pieds-noirs. Une part essentielle de ma vie s'était déroulée là jusqu'à la mort de ma grand-mère. Alors tout a changé. J'ai grandi, je suis allé ailleurs.

Ma grand-mère, veuve Paris, s'appelait Marie Bouychou. Elle était née à Montségur dans l'Ariège où l'on avait brûlé les Cathares. J'avais quatorze ans quand elle est morte. J'étais déjà au séminaire, seul lieu où, en ce temps-là, on pouvait faire des études quand on était de famille modeste.

Encore maintenant, « *notre Père* », et j'entends ces mots à l'oreille comme un secret, ce père dont je ne savais pas à quoi il servait, c'était qui ? C'est ce que se demandent, d'une petite voix, les enfants qui ont besoin d'un père et ne savent pas que c'est vous, père inconnu, père mystérieux et tout-puissant qui faisiez jaillir le soleil chaque matin derrière les montagnes qui bordaient la plaine, gonfler les oranges, les mandarines et le raisin des vignes tandis que résonnait la voix de l'oncle Jules : « Nom de Dieu de nom de Dieu... » quand il en avait après les Arabes.

Invisible seigneur tout-puissant qui me protégiez et m'enveloppiez dans la troublante senteur du maïs sec, tel je vous imaginais, tandis que, au fond du monde nocturne, montait l'appel à la prière des Arabes. Derrière moi les bœufs ruminaient, et, sous le même toit, l'écurie où les chevaux raclaient leur chaîne contre la mangeoire. Dieu, c'était qui ? Maintenant, je suis un vieillard et je me pose la même question, Dieu des chrétiens, Dieu des Arabes, Dieu des sauvages, Dieu de l'ombre, Dieu du soleil, Dieu de l'univers, Dieu du mystère, quand l'oncle Jules s'en allait à la nuit tombée, du côté du douar des Arabes, sous le croissant de lune et le fusil à la bretelle, qui allait-il chasser ? Le lièvre, la femme ou vous ?

De vous, du père qu'on disait que vous étiez pour moi, je ne savais que la prière que ma mère me faisait réciter le soir avant de m'endormir. Quoi d'étonnant de me voir entrer au séminaire, huit ans plus tard ? Avais-je la foi ? La question ne se posait pas. Evidemment, comme tous mes maîtres et camarades, j'avais la foi, mes parents s'y étaient faits, ma mère se voyait plus tard, veuve, dans un presbytère avec moi. Au séminaire, à peine réveillés, à peine debout dans le dortoir, c'était la prière, on nous en gavait jusqu'au soir, on trouvait cela naturel, de ce naturel qui n'était que fatalité.

Comment cette lettre vous atteindra-t-elle ? Par une fusée ? Par un de ces messagers que vous appelez des anges, mais où sont-ils ? Vais-je la mettre à la poste tout bonnement ? C'est l'une des premières questions que je me pose au moment de vous écrire, si toutefois je ne perds pas mon temps.

Que vous existiez ou non, quoi qu'en pense la majorité des gens, me semble d'importance capitale. Le monde va comme il peut, aussi mal que possible, et vous n'intervenez en rien. Votre existence semble fonction de l'idée qu'on se fait de vous. Etre suprême, éternel, immuable, increé, infini, immortelle présence, vous êtes d'abord esprit. A-t-on vu un esprit créer quand il n'est pas associé à un corps ? Dans la Bible, vous parlez aux hommes, à moins que ce soit la Bible qui l'invente. Vous me parleriez comme à Moïse que je me hâterais de grimper sur le mont Sinaï. Si j'étais Abraham, je vous sacrifierais sans hésiter Isaac, et, comme Joseph en rêve, j'encaisserais l'annonciation de l'ange Gabriel à Marie.

Je ne vais pas vous tutoyer comme l'Eglise s'y risque ici et là, ni mettre une majuscule à tout ce qui vous concerne. Je vous écris comme à un inconnu inquiétant, car, si vous existez, j'ai de quoi trembler en commettant peut-être un crime de lèse-majesté, et si vous n'existez pas, à quoi rime ma prose ? Si vous existez, j'aimerais en savoir un peu plus sur vous parce que vous nous avez mis dans un drôle de pétrin, nous, les habitants de la planète Terre, bétail compris, sans compter les autres mondes habités, s'il y en a.

Mon idée à moi, c'est que je quitterai ce monde comme j'y suis entré, tout naturellement, sans bruit. Comme on s'endort, disait Gide, et sans le sentir. Après il n'y aurait rien pour moi, pas plus qu'il n'y avait quelque chose avant. Du néant au néant. Pas facile de se mettre cela dans le crâne, on voudrait absolument qu'il y ait quelque chose, Dieu grand manitou, pour en tirer soi-même raison d'exister, et se donner, ne serait-ce qu'à ses propres yeux, de l'importance. Les hommes, la planète Terre, l'agitation universelle, l'aperçu que nous avons de ce gouffre qu'est le cosmos que nous sondons comme pour lui trouver aussi une raison d'existence. Et vous seriez le créateur de cette machinerie dont la seule idée nous écrabouille ?

Je ne pense pas que vous prêterez la moindre attention à cette lettre, pareille à un grain de poussière brûlante de comète. Et justement, ce missile mystérieux, la comète dont le tir, prévu des années d'avance par nos calculateurs, parcourt le vide, visite certains astres majeurs, Soleil, Orion, Jupiter, frôle la Terre et revient se glisser dans une sorte de loge comme dans son garage, où elle restera des dizaines d'années sidérales avant de repartir. Et vous ne seriez pas le garagiste de ces millions de comètes en attente dans leur cagna ? Par ces comètes visiteuses un doute m'assaille, voilà que je commence à me demander si vous êtes pour quelque chose là-dedans. Et si ce n'est pas vous, qui alors ?

D'après la Genèse ou les manuscrits de la mer Morte, quand l'idée de créer le monde vous est venue et que vous avez sauté dessus, vous deviez vous embêter. Vous auriez fabriqué l'homme après avoir lâché dans le cosmos des milliards de billes, des milliards d'étoiles, dont le Soleil qui nous éclaire. Vous étiez fatigué, vous, Dieu ? *Au septième jour l'Eternel se reposa.* Comme moi ce soir. Malaise et anxiété, après avoir tapé les premiers feuillets de ma lettre. D'après la Bible, vous auriez vu la Terre rase et vide et vous auriez installé un jardin, l'Eden, et là, mis l'homme déjà créé de la poussière des vents et animé de votre souffle. Drôle d'idée, l'homme, et dont vous avez dû vous repentir plus d'une fois. Et comme l'homme s'embêtait aussi déjà, vous avez tiré la femme d'une de ses côtelettes. L'ennui visqueux, l'ennui profond semble régner là-haut dans vos palais, c'est ce que je me dis.

A moins que tout cela soit de la blague, ce qu'on est tenté de penser avec chagrin quand on va dans les assemblées où se chantent vos louanges. Cinq milliards d'années pour la Terre, c'est ce que j'entends. Et pourquoi cinq ? Pourquoi pas quatre ? La Terre tourne sur elle-même et autour du Soleil, nous n'en sommes pas à quelques siècles de plus ou de moins, et pourquoi la Terre ne tournerait-elle pas au milieu de cette multitude de planètes, de satellites, d'étoiles et de comètes ? Des comètes surtout, emmagasinées dans un coin de l'espace que nous connaissons, très à l'écart de la Terre qu'elles viennent, l'une après l'autre, frôler de leur traîne d'or et à soixante kilomètres par seconde, ce qui fait qu'une vie d'*homo sapiens* ne dure que le temps d'un soupir. L'homme, sapiens ou pas, il naît, il pense, il meurt et, là-dedans, je fourre la ferme de Sidi-Moussa, ma grand-mère, l'oncle Jules, Meftah, ma mère, le séminaire, l'école de Saint-Maixent, mon premier mariage dont il ne m'est pas resté une photographie, le capitaine Boum-Boum, l'aviation en Bréguet puis en Potez, la guerre en 63/II, Pétain, la Grande-Bretagne et l'enfer, avec ses nuées d'éclairs de chasse et de bombardements, les Spitfire et les Halifax, enfin le retour à la paix.

J'aurais dû y penser : on n'entre pas à l'hôpital un vendredi. Je compte les jours, samedi et dimanche, rien. Et mardi, c'est l'Armistice, fête, toute la France fera le pont avec le dimanche.

Déjà, comme la lumière est mauvaise, je ne lis plus. Le lit n'est que de la mécanique avec, pour s'éclairer la nuit, des cordons qu'on ne trouve pas. L'Antillaise de service vogue dans les couloirs comme une lourde galère d'autrefois. Elle me reproche de ne toucher à rien de ce qu'elle m'apporte sur un plateau pour les repas. C'est vrai, je ne mange plus, sauf les pâtisseries de Tania et des amis qui connaissent mes goûts. Je m'ennuie dur. Le temps s'étire déjà.

Je respire de plus en plus mal, ce qui me condamne presque à ne plus sortir, réduit mon activité physique et cérébrale, et accélère mon affaiblissement. Accepter la déchéance équivaut à une dégradation. Toute ma vie j'ai dit non aux revers, je continuerai. Habitué aux espaces, je n'aperçois qu'un bout de ciel, et, si j'ouvre la fenêtre, un agglomérat de béton : l'hôpital, sec, sec, sans arbres, avec une végétation factice et maigre.

Je suis ici pour quelques jours, peut-être une semaine. Le professeur va me revoir, m'examiner de nouveau, alors décidera-t-on d'un nouveau cycle de soins. Je me sentirai mieux m'a-t-on dit. Vague avenir. « On va vous passer au scanner. » Comme si on allait me guillotiner.

L'infirmière qui pourrait me dérider n'est pas là. Sa remplaçante a le visage marqué par la vie, les autres sont de l'ordinaire, sauf les natives des îles, écrasées par les hommes et un soleil qu'elles cherchent en vain ici. Pour examiner le nouvel arrivant, on s'est précipité sous l'égide de l'infirmière en titre : visage ardent aux yeux d'azur, croupe de jument de course. Une hiérarchie existe, qu'on respecte avec plus ou moins d'humour. La galère guadeloupéenne observe avec un sourire désabusé.

Enfin, le mercredi, en chaise roulante, par un profond réseau de souterrains, on m'expédie dans les courants d'air. Salle d'attente, où personne ne parle. Un à un, on vient quérir les malades pour les préparer. Piqûre. De quoi ?

J'essaie de ne penser à rien, mais le long cheminement ténébreux m'a éprouvé, j'ai eu froid, j'aurais dû prendre un foulard. Ces longues lettres partout, SCANNER, SCANNER, pour qu'on ne s'égare pas, ces portes qui battent, ces ombres silencieuses et furtives, cette atmosphère de secret caché là, comme si c'était, scanner, l'entrée des enfers. Torse nu, je m'allonge sur une civière devant une sorte de tunnel-étui, on me dira : « Ne respirez plus. » Dites-le assez fort, je suis à demi sourd. On me le dit quatre ou cinq fois, le tunnel glisse sur moi, m'ensevelit, revient, s'en va, revient, s'en va. Mutisme des manipulateurs, vague ronflement de moteur. Retour à la chaise roulante, à l'air libre, à ma cellule, à ma galère des îles qui me sourit comme la *mamma*.

Le chariot du déjeuner secoue au loin sa vaisselle. Je n'ai plus faim de rien. Soudain, je pense aux grelots du frétillant troupeau d'ânons que j'entendais trotter sous mes fenêtres pendant les vacances d'été, à Bab-el-Oued, faubourg d'Alger, il y a si longtemps, là où vivaient mes parents. Les ânons allaient au square Bresson promener les enfants. Les années ont passé, tous les miens ont disparu, ou presque.

Me voilà à l'hôpital.

Anorexie, chez Gide d'un peu avant sa fin, signifie inappétence physique et intellectuelle, inappétence de tout. C'est mon cas. Plus rien de ce qui se trouve dans mon assiette ou dans un livre. Que devenir alors ? Ni tellement de plaisir ou d'aise à sentir quelqu'un près de soi, sauf pour Tania, restée presque irréellement mon bonheur. Aucun de mes familiers n'y croit, et moi-même je reconnais que mon nouveau séjour à l'hôpital marque la frontière entre l'homme que j'étais et celui que je suis devenu, vaguement intelligent encore, mais inerte ou presque, et peu sensible aux choses de la vie. A demi éteint. Sinon tout.

On ne devrait pas trop demander ni trop attendre d'un vieillard de plus de quatre-vingt-dix ans, parfois plié en deux par une vague douleur, tenant à peine sur ses guiboles, et n'étant bien qu'assis ou couché. Ce vieillard, c'est moi. J'ai encore, par éclairs, une certaine fougue intellectuelle de jeune homme, je peux parler – encore mes lèvres balbutient-elles et les mots se carambolent-ils dans les syllabes, ou l'inverse. Quant à écrire, ma main droite réussit à tracer deux ou trois signes de façon linéaire et illisible, pendant que tremblote ma main gauche. Peut-être aurais-je moins de difficultés avec un dictaphone, comme on me le suggère. Je souffre du dos, du cou, de partout, et maintenant je ne pense qu'à connaître l'oracle du scanner, la Bible des hôpitaux. Au début de l'après-midi, la porte de ma cellule s'ouvre sur Tania avec son sourire, une grappe de raisin d'Uruguay, et du courrier auquel je ne puis répondre, ce qui me navre et me confond. Comment vais-je pouvoir vivre si je n'écris plus ? Je cherche, je cherche, puis me résigne peu à peu. J'emploie des subterfuges. Avec des mains qui tremblent, je ne saurai même plus utiliser une machine.

Je ne marche plus qu'accompagné, et quand j'interroge des yeux mes proches, je lis une pitié souriante. « Ne t'inquiète pas, tu vas bientôt sortir. » Tania n'ose pas m'alarmer. Tout le tabac que j'ai fumé dans ma jeunesse, dans l'armée et en Grande-Bretagne, l'année de la RAF et de Bochum, m'étouffe. Un emphysème me voile les poumons et m'englue les bronches. Les cigarettes étaient en vente libre en pleine guerre dans le Royaume-Uni, on en profitait. Bêtement. Est-ce que Gallois fumait ? Je ne me souviens plus. Je raconte mon passage aux enfers du scanner avec un cérémonial de secte.

Un voisin tousse à mort, la nuit.

Le professeur est passé avant midi avec sa cour. Bel homme, solide, œil de miel, cheveux en frisottis. Il m'a dit : « Le scanner a révélé chez vous les traces d'une vieille tuberculose. Avez-vous déjà été soigné pour ça ? »

Ebahi, je ne me souviens de rien. Est-ce qu'on prêtait attention aux amis tuberculeux ? Je pense à Camus. Je serais contagieux, alors ? Réponse : on est obligé de vous considérer comme tel pendant le traitement. Moi, tuberculeux ? On installe un dépôt de masques à ma porte. Le personnel de l'hôpital et les visiteurs doivent mettre un masque. Et moi-même, si je sors. Le professeur et sa cour s'en vont. La cour est muette, moi, abasourdi. Soudain, un vide poignant. Le professeur a dit que le traitement commençait tout de suite : des cachets, des antibiotiques à avaler dans la nuit. On verra.

Il n'avait pas l'air tellement satisfait, moi non plus.

« Jules, me disait Gallois, quand c'était mon tour de voler sur le *F Fox*, n'oublie pas que si tu es touché et si tu as un moteur en feu, il te reste une minute avant que l'aile se détache : n'oublie pas, une minute seulement, Jules. » A l'époque on ne m'appelait pas Julius.

Une minute seulement, je le savais, nous le savions tous, mais on l'oubliait. Une minute, ça paraît court. Quand on utilise toutes les secondes, Gallois avait raison, une minute c'est long. Et puis, cher seigneur Dieu, on était loin de penser à vous à ce moment-là. Pour ma part, d'après mes fonctions, je devais, encombré par mon sac-parachute, m'extirper du siège avant dans le cockpit, passer à quatre pattes sous le navigateur et gagner la place du second pilote, à droite du pilote en titre. Le mécanicien, qui s'appelait Kopp, dépliait alors un strapontin, ou bien je restais debout devant la vitrine des instruments du tableau de bord : compte-tours, pression, température, altimètres, indicateurs de vol et de vitesse. En cas d'incendie, Kopp devait couper le contact du moteur en feu et déclencher l'extincteur. Si ça ne marchait pas, eh bien, une demi-minute passée, il faudrait dire à l'équipage, radio et mitrailleurs, de se préparer à sauter. Le pilote abandonnerait le *F Fox* en s'élançant dans les étoiles, cul par-dessus tête. Si ça marchait, à moins que l'aile soit déjà en train de se détacher du fuselage, on laissait entrer la nuit par les trappes de secours et on se jetait, on se laissait engloutir.

Penser à vous, seigneur Dieu, à ce moment-là, une fois suspendu au bout des cordons du parachute s'il s'ouvrait, et quand on avait pareil spectacle sous les yeux, les phares qui nous cherchaient, les camarades éclairés par les incendies sous les nuages, les touffes d'obus de la flak pareilles à des tulipes noires, penser à vous, ah ! non, pas question ! Et pourquoi ? Auriez-vous par hasard été l'organisateur ou le sponsor de la cérémonie ? D'ailleurs, ça ne durait pas, la contemplation. Au milieu des trajectoires et des fumées, on dévalait, on tombait dans ce que j'appellerais vos bras miséricordieux, inespérés. Après tout, nous n'aurions fait que rejoindre nos victimes. Duisbourg ou Essen se seraient jetées sur nous avec amour, croyez-vous ? Bref on ne pensait qu'à sauver nos vies entraînées dans le tumulte du moment, on craignait nos derniers instants proches, vous étiez bien notre dernier souci. La frayeur s'emparait de nous. Moment mémorable, qui allait se détruire avec nous.

Mes mains tremblent, je ne puis plus écrire. Si je m'y essaie, je ne puis plus me déchiffrer moi-même. Le dictaphone serait l'ultime recours mais je ne sais pas m'en servir, et même si je savais, je ne me vois pas dictant ce que je pense à une machine. L'Internet non plus n'est pas pour moi. Il me reste une vieille Hermès portable avec laquelle je travaillais jadis, et sur laquelle je taperai mon texte. D'un seul doigt, ce sera ma lettre à Dieu, à vous l'invisible, l'inatteignable. Si je tremble, ce n'est pas de peur. La mort ne m'effraierait que si je la voyais surgir devant moi, la nuit, avec sa faux. Quand je survolais Duisbourg ou Essen au milieu de centaines de bombardiers, je ne tremblais pas. Sans doute étais-je inconscient, ou détraqué par tout le Maxiton® que nous prenions. Ici, ne vais-je pas l'être aussi, détraqué, avec ce qu'on me donne à avaler ? Le seul plaisir qui me reste est d'observer en connaisseur une infirmière, une aide-soignante ou une externe en blouse blanche, ou n'importe qui d'autre à condition que ce soit du sexe féminin, avec un beau visage, des yeux de soleil couchant ou une croupe dévastatrice. C'est vous qui avez mis en moi ces désirs amoureux.

A tout âge on peut se délecter, en esprit au mieux hélas ! d'un visage ou d'un corps de femme. Serait-ce ce que les théologiens appellent *delectatio morosa*, encore que *morosa* ne s'applique pas à la femme mais plutôt au plaisir solitaire ? Pourquoi un vieil homme n'éprouverait-il pas un tressaillement ou ne jetterait-il pas un regard de concupiscence ? La Bible a fustigé les vieillards cachés dans les buissons qui lorgnaient Suzanne au bain. Simple contemplation quand une nature ingrate les privait du reste. C'étaient des juges égyptiens à la retraite, qui furent confondus et punis. Si ç'avait été des jeunes gens, Suzanne leur eût cédé. Et Gide, ce vieux pédé, sur son lit de mort ? Qui voit-il ? A qui pense-t-il ?

Le traitement a commencé la nuit même. A 5 heures du matin, à distance du petit déjeuner, une dizaine de cachets antibiotiques, certains énormes, pénibles à avaler. Encore cela dépend-il du veilleur ou de la veilleuse de nuit. Si on me plaint, j'avale sans rechigner. Si on se montre indifférent, je m'exécute mais j'ai du mal à me rendormir. Le jour et la nuit passent comme des brûlures, je ne mange plus, ou alors de la Vache-qui-rit, et encore, du bout des dents. La galère des îles montre de la miséricorde. Tout m'est âpreté, aspérité sans que j'y sois accoutumé, tout m'est malaise. Et c'est au débris que je suis qu'on annonce qu'on a découvert de la tuberculose dans ses poumons. Me voilà soudain « tubard », comme on disait autrefois. Et contagieux ? Voilà qu'on ordonne à ma femme et à notre personnel de maison de passer une radiographie par mesure de précaution. Ne pourrait-on pas me laisser en paix, à l'âge que j'ai ? Cas de conscience pour la Faculté, je suppose.

Sans doute, les mystérieux, les abominables cachets qu'on me force à ingurgiter dans la nuit ont-ils réveillé mes hantises familières. Sans quoi aurais-je besoin de me reporter à ce temps-là ? Déjà, dans l'aviation, la mort s'imposait sans fioritures et sans chichis : « Tu m'as cherchée, me voilà. Monte, chéri... » Heureux qui ne l'a pas vue approcher, heureux qui reçoit le coup du lapin à l'improviste. Pour moi, j'ai toujours attendu cette mère crainte et bien-aimée. Et jamais mieux qu'en Angleterre, avec Gallois, à bord du *F Fox*.

On nous alertait des heures à l'avance, et quand tout était prêt, on nous laissait mariner dans la nuit, une heure ou deux, au pied de nos machines chargées de bombes. Si quelqu'un avait oublié de vider ses poches d'une lettre compromettante, il pouvait encore la glisser dans une sacoche rouge qui resterait à la base. Enfin, nous étions en l'air au milieu d'un énorme troupeau de buffles qui nous frôlaient dans les ténèbres. Peur ? De quoi ? C'est avant qu'on avait peur, quand on avait la tête à soi, ou une fois de retour, quand on essayait de trouver le sommeil. A demain ! Repens-toi, enfant de l'oncle Jules, naïf provocateur de ton enfance. Pour moi je ne me repens de rien, sinon de m'être montré brutal et bête à l'égard de plus bête que moi.

Je me revois accroupi dans la tourelle avant du Halifax *F Fox*, la main sur le déclencheur, quelques minutes avant de lâcher notre charge. Nous allions survoler un cratère en éruption, des lambeaux de lave incandescente jaillissaient et pouvaient nous atteindre. Nous approchions, une lumière intense éclairait a giorno le théâtre d'où le feu débordant s'écoulait. En imagination, j'ai souvent revu cela, j'en ai souvent parlé, je le redis devant le mystère qui tourbillonne. Tout ce que la nuit nous avait caché, les flammes des incendies allumés par notre phosphore composaient un bouillonnement d'or. Parfois éclatait une fusée lancée par nos éclaireurs, rouge ou verte, la nouvelle cible à viser, précédés comme nous l'avions été par des avions plus rapides et plus légers que nous, les *Mosquitos*, qui contrôlaient l'opération et nous escorteraient ensuite, de loin, comme des chiens de troupeau. Ce moment horrible et grandiose, c'était la bouche du volcan où les nations en guerre s'engouffraient pour le pire. Parfois, une traînée de feu révélait qu'un des nôtres, atteint par un obus ou abattu par un chasseur, versait dans cet enfer. Un de nos mitrailleurs disait alors : « Navigateur, notez l'heure. » De peur, pas le moindre grain, nous volions comme des anges des ténèbres excités par la terre embrasée et le ciel crépitant, et c'était bien la preuve qu'une victoire pouvait, sans nous en douter, nous rendre aussi barbares que l'ennemi qui avait bombardé Londres et rasé Coventry au début de la guerre. Notre portrait, ne le traçons pas là. Avec la distance qui façonne le héros, parlons plutôt d'inconscience. Il en fallait, autant que de jeunesse, pour se soumettre. Alors, Dieu des multitudes et des armées, où étiez-vous ? Je sais bien que ce n'est pas votre affaire, que vous avez laissé les hommes libres de leurs actes. Tout de même ! Qu'attendiez-vous pour intervenir ? Ou alors, c'est que vous êtes moins fort que nous supposons, ou que vous nous laissez responsables jusque dans nos œuvres de mort.

Combien de fois, débouchant sur cette vallée de la Ruhr que les équipages de la RAF avaient baptisée de son contraire *Happy Valley*, cette vallée qui était bien de larmes, ne me suis-je pas demandé si ce n'était pas là que vous aviez conduit le prophète Ezéchiel ? Vous lui montriez les milliers de macchabées que nous avions déchirés sous nos bombes, ensevelis sous les ruines, dont certaines brûlaient encore avec leurs pierres, à demi consumés ou déjà squelettes, entassés les uns sur les autres, alors que des pans de murs et de façades noircis s'écroulaient sur eux et sur les milliers de cadavres déchiquetés les nuits précédentes par la RAF. Et là, monseigneur Dieu, vous ordonniez à Ezéchiel de déclamer sur ces os, vous disiez à ce brave Ezéchiel : « Fils d'homme, ces ossements peuvent-ils revivre ? » Un peu interloqué, Ezéchiel répondait : « C'est toi qui le sais. » Autrement dit : « Tu l'as dit, bouffi. » Et un grand bruit d'os entrechoqués s'ensuivait.

Et moi, monseigneur, me ressusciterez-vous ?

Ce que j'ai enduré en ce temps-là rejoint les maux dont je me mets à souffrir ici. Mon lit articulé, qui a dû coûter une fortune à l'Assistance publique, engendre de nouvelles douleurs, subtiles et incessantes, dans mon dos. Peut-être parce que je n'ai pas l'échine souple ? Je me plains, non auprès du professeur, bien au-dessus de ces petites misères, mais auprès de l'externe, bien en dessous. Je réclame une piqûre qui me soulagerait, et aussi à la belle infirmière et aussi à l'énorme galère royale antillaise. On ne me répond pas. Est-ce qu'on se parle dans des lieux enténébrés ? J'en conclus que les super-antibiotiques que l'on m'administre pour me sauver de la tuberculose ne permettent ni des concurrences ni des mélanges, ni des combines, et je replonge dans mon accablement. Par admiration pour Malraux, je me redis ce qu'il a écrit : « Ce n'est pas la mort qui me fait peur, c'est le trépas. » Le trépas épouvante tout homme sensé. Aussi, parfois, au fond du désespoir, l'être humain choisit-il sa façon de quitter la vie. Il y a aussi l'inconscience, la mort par inadvertance, par surprise ou par erreur, ce qui est don de la fatalité. Nom de Dieu, vous dis-je, seigneur suprême, tirez-moi de là !

Horrible plus que tout, la mort telle qu'on l'a représentée jusqu'au siècle dernier : le père ou le grand-père dans son lit, entouré d'enfants, vogue de râle en râle et de soupir en soupir jusqu'au dernier. Après quoi, l'aîné des enfants ferme les yeux du voyageur en se disant : « Est-il bien mort ? » La plus douce des fins, en revanche, semble-t-il, est celle qui fut octroyée à mon père, que ma mère, qui ne partageait plus la même chambre, retrouva inanimé, le samedi avant

Pâques, en 1941. Par lâcheté, je prie ainsi Qui de droit, c'est-à-dire vous, seigneur. « S'il vous plaît, que je ne m'en aperçoive pas »... Je l'ai tellement imaginée. Non que j'aime cette vieille pute, mais c'est peut-être le moyen de la faire patienter. Quoi qu'il y paraisse je ne suis pas pressé. J'ai des années devant moi. La belle infirmière a une façon moins expéditive de me regarder. La galère guadeloupéenne, au contraire, manifeste une cordialité de circonstance, elle se dit au fond d'elle-même que je n'en ai plus pour longtemps, que c'est la vie, et je lui fais de l'œil quand elle m'installe le masque à oxygène qui me soulage. Elle est contente, elle s'en va.

S'il m'arrive d'apercevoir ma silhouette dans un miroir j'éclate d'un rire sinistre : ce vieillard cassé, c'est moi. La Vallée heureuse n'y est pas pour rien. Je me vois, pendant la guerre, à peine rentré sous mon tonneau du camp, tapant du doigt à la cloison pour signaler à Gallois, mon voisin, que ce n'était pas pour cette fois. Mon très cher camarade d'alors, Pierre Gallois, capitaine devenu ensuite général à vues très stratégiques, partageait avec moi, en plus du tonneau, le même avion, le *F Fox* sur lequel nous volions à tour de rôle : les machines pouvaient tourner sans arrêt mais pas les hommes. Entre chaque visite à la *Happy Valley*, nous avions un jour ou deux de répit, ou davantage. Je me demandais alors ce que vous, esprit divin, pensiez de nous, pauvres hères, et de quel côté vous penchiez. D'aucun, je suppose. Qu'ils se débrouillent, ces imbéciles ! C'est ce que vous pensiez.

Notre aumônier nous aimait bien. Il ne nous disait pas grand-chose, sinon des banalités religieuses, des encouragements, des exercices de soumission à la fatalité, c'est-à-dire à vous, toujours muet. Notre aumônier ne vous interpellait qu'au cimetière où, d'avance, des tombes étaient creusées. Nous y conduisions régulièrement nos équipages, abattus sur la base ou dans les environs quand la chasse ennemie nous raccompagnait. Comme nous rallumions nos feux de position à la côte anglaise, ils nous tiraient comme des lapins. De beaux tableaux parfois. Alors il y avait embouteillage au cimetière. Quant aux *missing*, sur terre, dans les airs ou en mer, vous vous chargiez de tout. Dieu seul, c'est-à-dire vous, savait ce qu'ils étaient devenus.

Pourquoi m'étendre sur ce passé lointain ? Il appartient à ce qui a compté et compte encore en ce moment où, dans notre pays en paix, le danger n'est plus le pain quotidien, et où vous vous éloignez de nous, me semble-t-il. Vous étiez plus près de moi en ce temps-là, plus près de mes questions. Le Maxiton® nous rendait impavides devant le pire et exagérément lucides devant les choses de la vie. Le capitaine de mon ancienne escadre se serait-il protégé d'un signe de croix avant de décoller s'il avait été à ma place et devant ce que j'ai vu ? Sous des lumières de couleur, la mort, et parmi les ruines ou jaillissant d'elles, le feu rampant, les fumées, et les jardins de fleurs d'acier Krupp dont je garde chez moi un brin de pétale sur la table où j'écris, dans un plumier. Sur la terre noire, le ciel flamboyait quand un nouveau camarade tombait et s'écrasait. D'après Gallois, une minute, si vous aviez un moteur touché, avant que l'aile s'embrase. Et la chute alors ?

La chute, je la vois seulement dans mes insomnies. Je suis resté à côté du pilote, la sueur ruisselle sur ses joues, l'avion bascule puis tournoie lentement. D'une voix ferme et aussi calme que je peux, j'ordonne : « Sautez ! » Comme Tania qui m'accompagne maintenant : « Lève tes pieds ! » Des lumières se rapprochent, nous avons atteint le sol où, dans un fracas terrible, la ferraille s'aplatit et m'écrabouille. Le pilote, le navigateur et le radio ont pu sauter. Pas le mécanicien, Kopp, qui ne me quitte jamais. Il m'aime, l'imbécile, voilà où je l'ai conduit. Ejecté par le choc, il brûle avec l'autre aile, et je ne sais comment ni pourquoi je vis encore dans cette carcasse incandescente qui craque. Les membrures de l'avion cassent, le crépitement et le crissement du feu deviennent stridulation de flambée quand un réservoir crève et se vide sur une poutre chauffée à blanc. Vrombissement, clameur, explosion, claquements, déflagrations des lames de flammes les unes contre les autres, sifflement, ronflement des gaz libérés, et moi là-dedans qui prends feu aussi par ma combinaison tandis que j'étouffe et me laisse choir dans un flot de braise. Dieu merci (vous voyez que je pense encore à vous dans cet enfer), Dieu merci, je perds connaissance au moment où je deviens embrasement. La fournaise est un nuage de rouleaux noirs, une fumée d'où coule une sombre lave, la même qui dévale sur toute la ruine qu'est devenue la ville où errent des fantômes.

Je me réveille en poussant un hurlement. C'est la nuit. Rien ne bronche.

Je ne sais pourquoi je pense à Malraux, ce parfait agnostique. Peut-être parce que, devant le tragique, je ne me sens pas à la même hauteur que lui, je m'esbigne. Chez Malraux la vision précède la vue, a écrit Dominique de Roux. A la fin de sa vie, il a souffert, il s'est posé des questions, et pourtant il était couvert de gloire et il le savait.

La gloire, il la serrait encore sur lui après sa mort. Il la possédait. Elle l'étreignait. Très jeune, il y est parvenu, adolescent, il a compris qu'elle ne cédait que si on la violait. Choquer, tel fut pour lui le but à atteindre. Choquer au hasard, à tous les coups. A chaque rencontre laisser de lui un souvenir ébloui. A le voir, labouré de courants invisibles, à l'entendre cracher les mots et les phrases, ses interlocuteurs se demandent s'ils sont bien éveillés devant ce Malraux. L'amour, il n'a jamais su ce que c'était. « Croyez-vous que c'est pour vos beaux yeux que je vous ai épousée ? » dira-t-il à Clara après l'avoir ruinée. Personne ne lui a jamais manqué que lui-même, quand un malheur le frappait, personne n'était assez grand, sauf probablement de Gaulle, pour l'atteindre là où il s'était établi.

Louise de Vilmorin donne de lui un autre reflet. On sait que Louise, à vingt ans, avait eu aussi Saint-Exupéry comme soupirant dans le même temps qu'elle était aspirée par le jeune Malraux. Puis, la planète avait tourné, une guerre avait éclaté, Louise avait épousé un riche comte magyar dont le château ressemblait à la ville d'Angkor. La guerre achevée, Louise en avait eu assez du comte et Malraux devenu ministre n'avait pas oublié cette femme si brillante. On arrange une rencontre à Versailles, un festin. Le conservateur place Louise à côté du ministre, les retrouvailles opèrent un miracle.

Louise, qui a de l'humour à revendre, embarque Malraux dans un tourbillon de drôleries au point qu'ils ne s'intéressent plus qu'à eux et n'arrêtent pas de rire aux éclats, ce qui ne s'est jamais vu dans des réunions officielles. Et à la fin des agapes, tous deux s'éclipsent. La suite on la connaît : Louise et André éperdument amoureux l'un de l'autre.

Au départ du général de Gaulle, Malraux quitte La Lanterne, le manoir gouvernemental où il vivait dans le parc de Versailles, et vient habiter à Verrières-le-Buisson, chez les Vilmorin. André, le frère aîné, n'est pas non plus un atrabilaire, on s'amuse beaucoup dans cette maison dont je deviens un familier, quand, emportée par une terrible grippe, Louise meurt subitement un 29 décembre. Malraux songe à en finir, on veille sur lui, car il buvait et se droguait, on cachait les bouteilles de whisky et les armes. C'était la première fois qu'il voyait une mort sans effusion de sang. Ses deux fils se tuèrent en voiture, sa compagne Josette Clotis eut les jambes coupées par un train.

On l'a vu plus atteint par la fatalité que par la perte d'un être aimé. La mort de Louise, avoua-t-il, fut pour lui un « terrible face-à-face ». Elle avait voulu être enterrée à quelques pas du salon, sous le gazon, pour que son frère et lui l'entendent quand elle appellerait au secours. Pour lui, il n'envisagea jamais de reposer, un jour, à côté d'elle. On l'inhuma, en grande foule, au cimetière de Verrières, et puis, ce fut plus tard le Panthéon. Pour lui, la maison séparée, c'était celle où Dieu parle, mais qui était son Dieu ? Vous, tout-puissant seigneur ? Ou son ombre à lui ?

En moi-même je décide que je ne resterai pas plus longtemps dans cet hôpital où je ne suis entré que pour une semaine pour mon emphysème pulmonaire. Les semaines passent, je n'en peux plus. Depuis trois semaines j'entends les cris d'un mourant, l'hôpital est pour moi un asile d'anciens combattants en délire. Au professeur, je promets de suivre chez moi le traitement de cette masse d'antibiotiques qui, on me le laissera entendre plus tard, est à l'origine de mes troubles nerveux. Sans masque, puisque après une hésitation suivie d'une forte affirmation, le professeur décrète que je ne suis plus contagieux.

Je souffre de partout, d'en haut, d'en bas, du centre. A l'interne je réclame de nouveau une piqûre. Il hoche la tête et me l'octroie. Il sait qu'avec le traitement que je subis, elle sera aussi efficace qu'un cautère sur une jambe de bois. Je m'en apercevrai vite, on n'en parlera plus, je n'ai désormais qu'à m'en prendre à moi et à vous.

Pourquoi ai-je accepté d'entrer dans cet hôpital ? Pourquoi m'avez-vous conduit là, seigneur Dieu ? Je ne m'endors qu'avec l'ancien *F Fox* qui a échappé aux chasseurs de nuit en plongeant dans une vrille, qu'on appelle le *corkscrew*, le tire-bouchon. Comme je ne tiens plus sur mes jambes, mon unique, mon si dévoué fan aide Tania à boucler ma valise, et m'aide à marcher vers la sortie, quand le kiné en chef nous court derrière. Le professeur voudrait un ultime souvenir, un dernier, un crachat de moi. Des crachats, j'en ai à revendre, que je dépose dans une boîte bleue à couvercle destinée aux analyses de la pharmacie. Tout à mon aise d'abord, pour le plaisir, je toussaille, toussote encore, et, comme ça ne vient pas, m'arrache les poumons. « Il est là ! » répète en vain le kiné en chef pour m'encourager. Plus rien à cet hôpital-là. Chez moi, il viendra tout seul, tout à l'aise. Qu'on me donne un écrin, un vase, une boîte à bijoux, une boîte à malice, et je vous dépêche l'objet aussitôt qu'extrait. Oui, mais c'est ici qu'il le faut.

Je suis dans le taxi quand il survient, on hèle le kiné qui recueille une huître superbe et grasse, un beau glaviot. Le kiné-chef s'en va, épanoui, en trottinant.

L'hôpital aussi est content. Moi bien plus.

« Vous verrez, il va renaître. Sa Marie-Madeleine va lui rendre son ardeur. » Revenir chez moi ne me soulage guère : la marche hebdomadaire que d'ordinaire je pratique en lisière des forêts m'épuise, et je réduis les distances, pourtant déjà courtes. A cela je mesure les forces perdues. Le soir, dans un nouveau lit dressé dans mon cabinet de travail pour m'éviter un étage, des lumières à travers des losanges que je ne connais pas. Reflets, me semble-t-il, de la veilleuse que j'ai réclamée. Tous phares allumés, des tracteurs rampent, de bas en haut, sur la colline d'en face, à plus d'un kilomètre de là. Les labours de nuit ne sont pas dans les habitudes d'ici. Je suis pourtant sûr que les tracteurs descendent et remontent. Cependant, au matin, nulle trace sur la colline. Au début de la nouvelle nuit, au moment de m'endormir, un de nos chats saute sur moi, s'installe sur mon ventre et me pétrit avec ce mouvement qu'on connaît. Sans le voir, car il est noir, je le chasse, il revient, bondit de nouveau sur le lit, s'empare de mes jambes et de mes pieds, mordille les orteils, par jeu, d'une manière que je ne supporte plus. A certains moments, ses dents acérées me piquent. Ce doit être Coti, tout jeune. Je le chasse, il s'en va, recommence sur mes talons. J'appelle, j'allume. Pas de chat. Je n'ai pourtant pas rêvé. C'est Coti. Par le menuisier, le lendemain, je fais barricader mon lit. De nouveau, le soir, les labours se poursuivent, des feux de couleurs vives, rouge et verte, éclatent, pareils aux marqueurs des bombardements.

On me convainc que c'est imaginaire. Imaginaire ? Alors je deviens fou. Les tracteurs du village ne passent pas leurs nuits à labourer avant de semer le maïs, et ils ne lancent pas des fusées pourpres ou émeraude. Coti saute encore sur moi. Dans la journée je ne peux presque plus marcher, je reste à mon bureau, incapable de relire ce que j'ai griffonné la veille.

Nous voici en été. Comme d'habitude en cette saison, à l'aube, le brouillard bouche les vallées, puis le soleil le boit au fur et à mesure. Du haut de notre rocher, le paysage devient un archipel d'où émergent les tours de l'abbatiale et les plus hautes maisons de Vézelay comme une île de vapeurs. Tout fume, les forêts d'en face semblent en feu, je me prends à chanter le début du *Te Deum* : *... laudamus, te Dominum confitemur...* Je célèbre votre gloire et je ne peux m'empêcher de penser à mon ami disparu, à Max-Pol que j'aimais tant. Lui, c'est à Hamlet qu'il pensait. Moi c'est à vous, seigneur Dieu. Ai-je tort ?

A son ami le père Leroy, Teilhard de Chardin écrivait dans une lettre publiée en 1976 : « Aucune religion ne nous présente explicitement, officiellement, le Dieu qu'il nous faut. Voilà pourquoi il me paraît si primordial, si fondamental de repenser la christologie, et de déployer devant le monde ce que j'appelle le christ universel. » Voilà pourquoi, de mon côté, je regrette que Teilhard ne se soit jamais arrêté ici, terre panthéiste s'il en est, terre à laquelle peut s'appliquer la phrase hindoue souvent citée par Malraux : « Tout homme va à Dieu à travers ses propres dieux. » Voilà pourquoi je me sens très humble disciple de Teilhard, ce prêtre qui ne croyait ni à Adam ni au paradis perdu, cherchant partout, ici, les traces qu'il aurait pu laisser, s'il y était venu. Nous habitons un lieu enchanté. De tout temps, il y a eu ici des temples, et Max-Pol Fouchet disait que nous étions à Elseneur.

Je reprends ma vie vaille que vaille, comme autrefois. Mais y a-t-il des autrefois ? Les antibiotiques que j'avale chaque nuit me détraquent, j'ai de plus en plus de mal à monter ou à descendre l'escalier, mes jambes pèsent de plus en plus. Quelle drôle d'idée, revenir chez moi, tuberculeux, ou considéré comme tel ! Le tremblement de mes mains s'accentue malgré mes efforts pour le cacher. Survient le jour où je ne puis porter une cuiller à ma bouche. Tania me donne la becquée comme à un enfant, je vacille, je tends les bras au vide. Un soir, je ne peux gagner mon lit. Je m'arrête, j'étouffe, et malgré des efforts désespérés, m'effondre. Vais-je mourir ? Au séminaire, à peine sortis du lit, 5 heures du matin, 6 le dimanche, on nous faisait méditer sur la mort à laquelle aucun de nous ne croyait. Ou bien, alors, si on admettait notre état de mortels, c'était comme Adam, pour dans longtemps, tout anéanti autour de nous et nous avec, qui ne savions pas ce que c'était. Si les hommes avaient été convaincus qu'ils étaient mortels, y aurait-il eu des guerres ? me dis-je. Serais-je allé bombarder Essen ou Cologne ? L'ennemi pouvait nous abattre, ce n'était pas pour cela que nous allions mourir.

Ce que j'écris là ne vaut peut-être pas pour mon cher camarade Gallois. Trop intelligent, il savait qu'il allait bientôt y rester, il avait peint la mort sur les murs de sa chambre sous les traits d'un vieillard hideux que j'appelais Alcide. Car il était artiste aussi, et un artiste croit forcément qu'il va mourir. Je veux bien de la mort à condition d'être loin d'elle, et de ne pas savoir ou de ne pas sentir quand je la recevrai. Quand je dis parfois qu'elle ne me fait pas peur, je mens. Elle me fait peur à en grelotter, à en flageoler sur mes jambes, à me jeter du haut de la tour Eiffel plutôt que dans ses bras. Si ma main tremble, c'est donc à cause de ça. Quand le vieux *F Fox* avait touché terre au retour d'une mission qu'on disait difficile, « Une de moins ! » s'écriait Gallois quand il me revoyait. Je répondais : « Une de plus. » De plus ou de moins ? Les deux. L'une ou l'autre, suivant ce qu'on pensait : à faire ou faite. Vous, seigneur Dieu, vous regardiez d'un œil égal et indulgent, peut-être attristé, ces deux amis inquiets l'un de l'autre, pas du tout pressés de savoir si vous existiez ou non, regardant quoi ? le désarroi dans l'âme. L'un ou l'autre partait pour s'envoler avec le même avion chargé de bombes, vers l'ennemi et ses usines ou ses gares. Ou vers vous. Eh bien, de quel côté étiez-vous ? Question stupide. Dieu créateur, dépassé par vos créatures, vous les laissez se détruire. J'étais comme un jeune marié qui sort de l'église où son union a été bénie et consacrée, et n'est pas bien dans sa peau à la pensée de la nuit qui l'attend, pour laquelle il ne se sent pas prêt. Tout à coup, il se demande s'il aime la belle poupée qu'on lui a donnée pour épouse. Trop tard, mon petit vieux, il fallait réfléchir avant. Je me demande si j'ai agi sagement en optant pour la RAF et un poste de bombardier. Une de moins, selon Gallois. Si j'ai peur à présent, à l'époque je me croyais immortel. Je ne serai qu'un jeune marié défaillant. *Une de plus.*

Gallois peignait toujours sur la cloison de séparation de nos piaules. Quand il rentrait de mission, il se remettait à son sinistre vieillard, il aiguisait ses moustaches et sa faux, et, sur la prairie où nous allions finir par déboucher, il ajoutait quelques fleurs des champs pour que notre passage dans ce qui nous restait de vie soit moins sombre. Pour donner une explication à l'inexplicable, je me souviens que je me disais que j'allais rencontrer l'ange. Il ne pouvait s'agir que de l'ange de la mort, du moins le croyais-je. La curiosité m'égayait et me rassérénait à la fois. Aux approches de l'objectif, en ces temps déjà lointains de la Vallée heureuse, je me disais aussi : « Est-ce que je vais mourir dans quelques instants ? » Et je me répondais : « Je vais bien voir... » De retour à la base, j'apprenais, dans la salle de renseignements, le nombre des manquants et le nom des camarades, et je me rassurais, je me disais comme ma grand-mère : « Il y a ceux que Dieu protège et ceux qu'il abandonne. » J'allais massacrer des hommes et vous me protégiez. Réflexions que les pilotes de chasse allemands pouvaient formuler pour eux-mêmes.

Oui, de quel ange s'agissait-il, seigneur Dieu, sinon d'Azraël ? Il était assis sur un nuage et attendait l'ordre qu'un autre ange, plus proche de vous, allait lui donner d'une voix perçante : « Lance ta faucille tranchante pour la moisson. » Il la lançait, et les hommes, comme des épis mûrs, tombaient en masse sur la terre. Même jeu pour la vendange, quand son supérieur lui criait de lancer sa faucille pour la vendange. Alors des masses d'hommes tombaient dans la cuve de la colère de Dieu. Nous vivions la fin de l'Apocalypse en ce temps-là, et le dernier livre de la Bible aurait dû être notre livre de chevet, mais combien parmi nous se doutaient qu'ils étaient eux-mêmes en plein dans l'Apocalypse ? Pessimiste jusque dans la moelle des os, Gallois avait raison de croire qu'un homme sensé ne pouvait pas s'en tirer. Cependant, le miracle se produisit pour lui comme pour moi, et le jour arriva où, libres de toute obligation envers les Alliés, nous fîmes nos adieux à tous et quittâmes le camp avec ses beaux, ses puissants quadrimoteurs Halifax. Aussitôt à Paris, Gallois travailla à son idée de remplacer les équipages par des robots. Les missiles d'aujourd'hui datent de nos conversations d'alors. Pour moi, je tombai dans les bras d'Amrouche et de Doyon qui ne pouvaient pas se supporter. Amrouche disait que Doyon n'avait aucun talent, sauf son bagou, et Doyon traitait Amrouche comme un Arabe malin. Sur les conseils d'Amrouche impressionné par ce que je lui disais, j'écrivis pour sa revue *L'Arche*, dont Gide faisait partie du comité de direction, un récit que j'intitulai « Douze cents bombardiers sur Bochum ». J'eus de la chance. Un grand poète, Pierre Jean Jouve, m'encouragea à écrire la suite, qui devint *La Vallée heureuse*. J'aurais dû l'appeler *Happy Valley* mais, à l'époque, les éditeurs ne voulaient pas de titres étrangers. Les libraires commandèrent le livre par kilos, mais l'éditeur n'était pas armé pour supporter le succès. Il s'effondra.

Revenons un peu en arrière.

J'avais choisi un métier où, à la moindre défaillance de la machine ou de l'homme, on gagnait. En ce temps-là, les moteurs n'étaient pas sûrs comme aujourd'hui. Il nous arrivait assez fréquemment d'aller aux obsèques d'équipages qui s'étaient ratatinés contre une colline. A l'époque dont je parle, nous manquions aussi d'aides à la navigation pour éviter les obstacles. Après l'accident d'un des nôtres, nous errions, muets, mélancoliques, parmi les débris calcinés et les restes humains, un pied par-ci, une main par-là, un crâne avec serre-tête, ou un bout de barbaque. Cela nous donnait à penser combien fragile était notre existence. Pour échapper à notre sort, il aurait fallu quitter le métier ou devenir gardiens de cimetière, là on est tranquille.

J'ai voulu l'aviation parce qu'elle était la plus belle et la plus dangereuse passion. Ainsi ai-je passé ma vie à penser à la mort, ce qui n'est pas une vie. A la 51e escadre, à Tours où j'ai débuté après Bron, mon premier capitaine d'escadrille, quand il était ficelé au poste de pilotage du Potez 540, se recueillait une seconde, puis, ça m'est resté en mémoire, esquissait un signe de croix. Je l'ai déjà dit, ça m'a frappé, j'y reviens. A cet instant de recueillement de notre chef, il y avait dans l'équipage un brin d'inquiétude. Les collines, quand on les confondait avec les nuages, semblaient nous attirer, ou le feu, ou l'assèchement des réservoirs.

Ce n'était qu'un début. L'année que je passai beaucoup plus tard en Grande-Bretagne me parut d'une fatalité vertigineuse. Cette année-là, je ne me suis jamais endormi sans penser à la mort. Cette salope nous attendait au coin du bois, et, même effondré, même défoncé, même prostré et presque inconscient, je continuai à la braver. J'appartenais sans m'en douter au monde des mortels auxquels vous avez promis, sans qu'ils le sachent, l'invulnérabilité. Patience. C'était encore loin devant moi. Neuf mois d'école, neuf mois de mise en pratique avant l'utilisation : la mort de près.

Ma main tremblote encore. *Dies iræ, dies illa...* Ma main transmet ma frayeur jusque dans les profondeurs, ce qui me rappelle mon enfance, quand le paludisme s'emparait de moi brusquement. Tumulte dans tous mes membres, mystère de la création et des créatures que nous étions, répandus au hasard sur un coin de planète et soumis à toutes sortes de vicissitudes. Me voilà grelottant, appelant ma mère, me réfugiant dans ses bras, claquant des dents. Plus tard, au séminaire, je chanterai en latin des mots terribles sans comprendre toujours ce qu'ils veulent dire, et même parfois avec un léger tressaillement d'allégresse : *Rex tremendae majestatis... ô roi de terrible majesté...* Aujourd'hui, je m'abandonne à l'épouvante. Où est ma mère ? De quelque côté que je me tourne dans mon lit, rien ne m'est salut, tout m'est crainte. Au séminaire, il n'y avait que vous, seigneur Dieu, pour accourir à mon secours, c'est-à-dire personne. Ma mère ne revenait que le dimanche avec un couffin de gâteaux à la patate douce, et du linge.

Où êtes-vous ? Vous me laissez tomber ?

Des morts mal lavés, mal soignés, mal peignés, mal vêtus, j'en ai vu. En pagaïe. Des morts en vitesse ou par hasard, serrés les uns sur les autres, des morts qui n'inspirent plus le respect qu'on leur doit. Oui, mais dans l'aviation, on ne se voyait pas mourir. Le vrai mort que j'ai zieuté de près fut mon frère aîné, juste après mon père, en 1942. Je le vis chez lui, dans la belle villa qu'il s'était construite sur les hauts d'Alger.

C'était un homme fortement charpenté, de la famille paternelle que je n'ai pas connue, de solides gaillards plutôt bourrus, seulement déchaînés avec les femmes qui leur plaisaient, ou dans les gueuletons, dans les villages où il y avait une cuisinière en renom. Gais lurons aussi pour la bouteille et les chansons que mon frère braillait, souvent avec mon père, et moi au piano :

C'est à boire, à boire, à boire,
C'est à boire qu'il nous faut, ô, ô, ô...

Mon frère Robert s'était conduit en héros pendant la Première Guerre mondiale, il en était revenu lieutenant avec de brillantes décorations. J'avais pour lui l'admiration et l'affection d'un novice pour le maître, et il était jaloux de moi, petit bâtard gâté, petit con. Il n'aimait pas ma mère non plus parce que la sienne lui avait manqué. Ma mère, pour lui, c'était une putain, pardon maman. Foudroyé par une crise cardiaque, il reposait sur son lit, livide.

Je m'approchai, lui touchai le front et retirai vite ma main de ce roc glacé. Puis l'émotion recouvrit la répulsion. Je croyais respirer l'odeur funèbre, sinistre.

Si Adam avait été immortel, qu'aurait-on fait de lui devenu vieux, croulant et s'écroulant ? Notre père à tous, Abraham, fatigué de Sara son épouse stérile, demande à Yahweh la permission de mettre dans son lit Agar, une jeune esclave dont il lorgnait les jolies petites fesses, et il en a un fils. Sitôt dit, sitôt fait. Ismaël. Furieuse, Sara flanque Agar à la porte, c'est-à-dire dans le désert. « Fous le camp, salope, et que je ne te revoie pas... » Les anges consolent Agar et lui portent à manger. Entre-temps, ce vieux salaud d'Abraham a sauté sur une autre esclave, plus fraîche encore qu'Agar, et dont on ne dit pas le nom. Pour se faire pardonner, il reprend son ancienne, Sara, et, *miràcolo !* fait un enfant, qui sera Israël. Il aurait mieux fait de se branler.

Je regrette que le créateur ne m'ait pas muni des outils d'Abraham. Il n'empêche qu'Israël était un fils de vieux, un homme réfléchi, tandis qu'Ismaël ressemblait à un âne sauvage. Chez les Arabes, comme chez beaucoup d'autres qui ne l'avouent pas, la légende dure encore. Quand l'homme se sent usé, décrépit, il épouse une jeunesse pour qu'elle réchauffe ses os. Elle les réchauffe si bien, parfois, qu'il en meurt, l'imbécile, jeune marié content et fier de lui. Et voilà qu'on m'annonce une visite. La visite de Jérusalem.

A défaut d'avoir avec vous un dialogue, voici venu le moment de vous interpeller.

Si je suis un rebelle, seigneur Dieu, je le fus dans la société où je vivais, et à plus d'une reprise. Aux yeux des vôtres, j'ai l'impression de passer pour un huguenot, quelqu'un qui met et remet en question bien des points de vue et ne se satisfait pas aisément de ce qu'on lui dit. Mes rébellions ont été sévèrement dénoncées, mais vous, selon saint Paul, vous promettez miséricorde à tous les hommes, même à ceux qui profitent de vos bontés pour vous offenser de nouveau. Autrement dit, dieu de colère et de vengeance dans les débuts de l'humanité, vous êtes devenu dieu d'amour et de tendresse pour l'homme qui ne vit à peine qu'un instant juste pour procréer, comme un chien, et retourne à l'état de poussière. Ou au néant total, car l'état de poussière est encore quelque chose.

Miséricordieux, en effet, vous pouvez l'être pour l'homme, il en a grand besoin, le pauvre diable.

Une voix en moi disait : « Seigneur, daignez tourner votre regard vers un de vos serviteurs que la maladie empêche de se lever. Daignez lui accorder une santé meilleure pour qu'il puisse vaquer à ce qu'il a à faire, par exemple, exprimer son indignation devant le crime impuni, ou, sans vous interroger davantage, chanter vos louanges d'une voix plus ferme. »

Autant s'adresser à un mur. Jamais de réponse. Vous ne parlez que par allusion, quand on peut comprendre ce que vous avez dit, qui n'est clair qu'interprété. Vous me rappelez mon père, qui s'enfermait dans le silence quand il était fâché et pensait en lui-même si on l'interrogeait : « Parle à mon cul, ma tête est malade. »

La visite du prieur des religieux de Jérusalem qui chantent gloire et mystères dans la basilique me réjouit. C'est un homme pour qui j'ai une vive sympathie, il était le bienvenu. Comme par hasard, une cloche sonna, et, au timbre, je sus que c'était la moins lourde, celle qui a Madeleine pour nom de baptême. Je crus entendre là un acquiescement.

Le prieur avait un visage de lumière resplendissant que je dévorai, tourné vers moi, me disant combien il avait de peine à me savoir malade, car j'étais selon lui un des gardiens de la basilique dédiée à la femme amoureuse du Christ, votre fils. Tout le monde sait, ici, la dévotion que j'affiche pour cette personne, si belle de corps, si décidée dans son adoration pour Jésus, si retentissante dans ses démonstrations de cœur, si douloureuse aussi, pareille à l'amante du Cantique, pas tiède du tout, brûlante.

Nous étions tout proches l'un de l'autre, le prieur et moi, presque complices, le ton de notre conversation devint vite familier, encore que je me montrais prudent. « Vous n'ignorez pas, lui dis-je pour le taquiner, que les percepteurs et les femmes de mauvaise vie entreront dans le royaume avant vous qui aurez consacré toute votre vie à Dieu. A quoi cela vous aura-t-il servi ? Ne seriez-vous pas un peu abusé ? Voilà comment on vous traite dans les hautes sphères... »

Il sourit, puis revenant à l'objet précis de sa visite : « A combien de temps remonte votre dernière confession ? me demanda-t-il.

– Pas si longtemps, répondis-je. Un an ? Deux ? »

Dans ma mémoire, je revois le père Pascal, si compréhensif pour un ancien militaire comme moi, lui qui avait été aumônier du corps expéditionnaire en Indochine et avait reçu les confidences de combien de soldats ? Ma confession, il me l'avait presque extorquée, car je n'ai pas tellement de goût à ressasser mes anciennes faiblesses et, pourquoi pas ? mes fautes. Mais jeune comme je suis, ajoutai-je en moi-même avec humour, par exemple, je n'ai jamais trompé ma femme. Non que l'envie m'en ait manqué, mais l'occasion.

« Voulez-vous mieux vous porter ? » me demanda-t-il en pointant sur moi ses yeux blonds.

Je reçois le coup en plein dans l'âme. « Vous me demandez si, pris de nausée, je ne veux par exemple plus avoir envie de vomir. Naturellement, répondis-je. Avec joie, guérissez-moi. »

Aussitôt il tira d'une poche de poitrine ce qui me sembla un bréviaire et se mit à lire en bougeant les lèvres, et comme cela durait, je me mis à réfléchir. Est-ce qu'on demande à qui a soif s'il veut boire ? Le prieur leva une main vers moi comme pour me désigner à vous à qui je m'adresse si souvent, et je me mis, je ne sais pourquoi, à nous revoir, mon oncle Jules et moi enfant, à la ferme. A l'époque, je ne m'interrogeais pas sur ce qui était notre foi, à tous ces noms de Dieu de bon Dieu qui émaillaient notre journée. Je revis l'image peinte du vieux barbu au-dessus de l'autel de l'église de Sidi-Moussa où nous allions parfois, comme je l'ai dit. Est-ce que j'étais pécheur en ce temps-là ? Et l'oncle, quand il nous quittait, une fois par mois, pour filer à Alger ? Et ma mère ? Meftah et la Mauresque, n'en parlons pas, c'étaient des Arabes, des infidèles, des riens. Puis j'en revins au séminaire, et là, on m'avait fait croire qu'il y a mille façons de vous offenser. Ce que je ne savais pas, on me l'apprenait. Je demandais pardon, je promettais de m'amender.

Avec moi le prieur avait affaire à forte partie. En moi-même je me traite de fourbe, ou plutôt de fidèle infidèle. Est-ce ma faute si je suis né à Rovigo et si j'ai vécu dans une ferme à concession d'Algérie, au milieu de ces pouilleux d'Arabes, et dans une famille ordinaire dont le plus beau fleuron était l'oncle Jules ? Ou peut-être moi, plus tard, si je peux, et si l'on m'aide. Qui va m'encourager ? Est-ce que je vous ai demandé quelque chose ? L'oncle Jules avait toutes les qualités des hommes, malin, rusé, menteur au besoin, égoïste, autoritaire, sobre, travailleur, un peu avare, disons regardant, un peu chien. Comment aurait-il dû être au milieu de la plaine de la Mitidja où il fallait se lever tôt pour ne pas être bouffé par les autres colons, plus forts et plus riches que lui, et par les Arabes, si nombreux, si pauvres, si avides, si peu amis des Français qui leur avaient volé leurs terres, disaient-ils, si désireux de les voir partir et dans le malheur ? Pour apprendre autre chose que ce que contenait *La Dépêche algérienne* à laquelle nous étions abonnés, il fallait de la chance et aller ailleurs qu'à l'école de Sidi-Moussa. Vous m'avez conduit, par des voies pas si impénétrables que ça, au séminaire, où l'on m'a enseigné le latin, un peu le grec, le français, les maths, l'algèbre, l'histoire, la géographie sainte, la littérature où on nous donnait Verlaine pour un poète pieux, est-ce que je sais ?

Le prieur posa son bréviaire et me dit, en souriant toujours : « Nous allons maintenant, vous et moi, réciter le *Notre Père.* » Cette prière universelle, chaque fois que j'aspire vers vous, seigneur tout-puissant, c'est elle qui me vient aux lèvres, et ma mère n'est plus là pour me demander de la réciter. Tout au début, les mots me font hésiter, car on sait bien que vous n'êtes pas aux cieux, père et fils, on le saurait depuis qu'on scrute les nues et les galaxies. C'est une des façons de parler qu'on avait en ce temps-là. Vous n'êtes pas dans les cieux, vous n'êtes pas non plus monté au firmament le jour de l'Ascension, comme on veut nous le faire croire et comme personne ne le croit. Si vous y étiez, on vous aurait trouvé, ça se saurait. C'est une façon de parler, et cependant, chaque fois que ma pensée s'égare dans le cosmos, je pense à vous et reste coi dans le fourmillement d'étoiles et de milliards de galaxies qui flottent dans l'infini de l'infini. Ainsi dans notre pauvre petit système solaire, n'allez pas me demander de croire que c'est vous (*Qui me voit voit le Père*) qui avez fabriqué ce redoutable machin, le premier jour de la Genèse. Je me demande simplement s'il n'y aurait pas, par hasard, quelque part dans cet amas vertigineux d'astres, une planète sœur de la nôtre où, à quelques milliards d'années-lumière, des frères de douleur et de mensonge couverts de poils en seraient à marcher debout ou à essayer de saisir ce qu'il y a autour d'eux. Au milieu du désert de Gobi, d'un autre désert de Chine, des réflexions m'ont conduit au philosophe, père Teilhard de Chardin, sorte d'archange parmi les hommes célébrant le dieu de l'univers qui n'est pas forcément vous, mais qui d'autre ? Lui non plus, il n'exclut pas cette hypothèse d'une autre Terre et d'autres créatures semblables à nous, en avance ou en retard sur nous. Et vous vous seriez incarné aussi en l'une d'elles pour leur salut ? Mystère total. Dans le désert, parmi les dunes ou le mouvement des collines, lui, Teilhard, se met à genoux, étend les bras et prie. Vous l'entendez s'excuser de n'avoir pas de vin pour le calice, qu'importe pour vous, Dieu de l'univers face à d'autres univers d'étoiles et de planètes vides et brûlantes, sans hommes. Du vin, il y en a dans vos caves invisibles. Et du bon.

« Voulez-vous mieux vous porter ? » répéta le prieur.

Teilhard, mon père jésuite, écrit : « Le tâtonnement religieux humain avait approché cette idée que Dieu ne pouvait s'atteindre que par l'esprit. Mais c'est dans le christianisme seulement que le mouvement atteint sa consistance définitive. Le don du cœur au lieu des prosternements des corps, la communion au-delà du sacrifice Dieu-Amour, et ne s'atteignant finalement que par Amour. » Comble de malice : mon prieur ressemblait à Teilhard : visage long, regard joyeux, nez droit à peine arqué, bouche large et fine, vivacité dans le propos, tout pour me séduire. Ensemble, nous récitons donc le *Pater*, il étend les mains sur mon front, puis me dit : « Je vais maintenant vous oindre d'huile sainte. » D'une petite fiasque disposée devant lui et qu'il pencha, il toucha d'un doigt mon front, puis la paume de mes mains. En moi-même je pensai que j'étais comme les élus que, dans la Bible, Dieu désigne pour une mission, comme Salomon et comme beaucoup d'autres plus humbles, nantis de la dignité d'une fonction, ce qui n'était pas mon cas. Car le roi Salomon eut sept cents princesses pour femmes et trois cents concubines, sans compter les occasions, comme la reine de Saba à qui il fit un enfant. Toute sa vaisselle était d'or pur, ce qui m'a ébloui au point que je parle de lui et de son faste dans mes livres, et qu'il m'arriva de penser à lui jadis au plus fort de l'enfer des bombardements.

Pourquoi pas, après tout, de l'huile sainte sur mon front et dans la paume de mes mains ? Comme Salomon, oint du chrême sacré et devenu ce qu'on sait, moi, qui ne suis rien qu'un pauvre homme qui a du mal à exprimer ce qu'il éprouve, oui, pourquoi pas ? Je me demandai aussi si je n'étais pas tombé dans le piège, car le prieur m'avait dit : « Ce n'est pas l'extrême-onction, c'est le sacrement des malades que je vous donne. » Salomon n'était pas malade, et pour lui c'était le sacrement des rois. Seulement un acte imprévisible de bonté pour l'enfant de Sidi-Moussa. « Je ne vais pas vous guérir, me dit le prieur. Je ne fais pas de miracles. » J'opinai du bonnet. Mais quand je vis que c'était vrai, que c'était de saint chrême qu'on m'enduisait, le même qu'à Reims, jadis, pour nos rois, de l'huile d'olive mélangée à du baume, alors je me laissai aller non sans plaisir, et un délice coupable. Et même un certain orgueil.

Après quoi, mon ami le prieur parti, je dis à Tania et me dis : « Nous allons bien voir. » Voir quoi ? Si encore ç'avait été le Christ qui m'ait oint, j'aurais pu dire : je suis guéri. Mais non. Ça n'allait pas mieux. Un simple délégué, même si c'est un père abbé, ce n'est pas vous, ce n'est pas le Christ, attendons.

Ce mot-là fut la morale du jour. J'avais une certaine fierté d'avoir été choisi, mais en même temps, on pouvait légitimement croire que c'était moi qui avais demandé le sacrement des malades à toute extrémité. Comme si je pouvais m'y croire, à toute extrémité ! Je ne pouvais plus rien, ni bouger une jambe, ni allonger le bras, ni manger, ni me tenir debout, ni écrire, ni lire, ni aller nulle part sans aide, je respirais de plus en plus mal, j'avais un soupçon de tuberculose. A mon avis, il en fallait davantage pour être considéré comme à toute extrémité ! A moins que... Mais ce n'était pas vrai. A moins que je me trompe sur moi-même : comme beaucoup qui ne se sont pas vus mourir et auraient dû s'étonner de ce qui leur arrivait. Là, une lueur de raison m'éclaira. En effet, pourquoi pas ? Pourquoi ne serais-je pas complètement ratiboisé ? Dans ce cas, oubliant la façon âpre dont j'avais souffert, à en pleurer si j'avais pu, moi qu'on mettait au lit comme un infirme et qui osais plaisanter à propos de ceux qui avaient besoin d'une petite voiture, moi qui ne tenais pas debout et qui n'avais pas le courage de manger ce qu'on m'apportait, je devais me montrer plus modeste, moins gonflé. Moins outrecuidant.

Les véhiculés en petite voiture allaient où ils voulaient, pensai-je, et moi, malgré tous mes grands airs, et bien qu'à présent je fusse chez moi, j'allais bientôt claquer. Tout mon corps brûlait, des chats amoureux s'emparaient de moi et me déchiraient les talons de leurs dents acérées.

Dans mon enfance à la ferme, tout à mon bonheur d'exister je ne me demandais pas ce que c'était que naître. Enfant, je ne savais rien de tout cela, et voilà, j'étais de nouveau à Sidi-Moussa. Quand on me refuse quelque chose, je me dresse sur mes ergots, je tape sur la table et crie : « Nom de Dieu de nom de Dieu. » Ma grand-mère effrayée interpelle ma mère durement : « C'est toi qui lui as appris ça, ma fille ? – Non, répond ma mère. C'est son oncle Jules... »

Maintenant je cherche éperdument à savoir ce qui subsistera de moi. Je refuse d'admettre que ce qui a commencé puisse finir, et pourtant la logique veut que tout ce qui commence ait une fin. Ane obstiné qui refuse d'acquiescer, je dis : non. Rêver de grands fleuves taris, rêver que notre planète a connu des ères successives, que des continents se sont déplacés il y a des millions d'années, bien, mais il me faut demeurer dans ce que j'appelle légèrement l'éternité, sans mesurer l'incommensurable, justement, sans mesurer que ce que l'Eglise implore pour moi puisse être, à la longue, ennuyeux, fastidieux, car nous sommes bâtis de matière mesurable. Oui, mais la « matière » n'est plus de là-bas, l'éternité ne se fabrique pas avec de la matière, elle ne compte pas et l'infini n'a pas d'âge.

Le silence se fait, on éteint les lumières, il ne reste chez moi que la lueur des réverbères de la rue. S'il nous arrive de penser à la mort, ce n'est pas comme à une femme légère, loin s'en faut... mais peut-être comme à quelqu'un qui existe à peine, ou qui n'a pas grande importance, ce dernier trait pour nous mentir à nous-mêmes, nous laisser croire qu'elle n'est pas si atroce qu'on le dit. Parfois aussi le mot figure gaiement dans des injures nord-africaines comme « la mort de tes os », où le trivial se mêle au tragique, à la façon des gens de là-bas, rigolos par nature, gonflés de naïveté. On travestit le mot de mort, on se ment à soi-même, on se blouse dans la crainte d'apercevoir le visage redouté. Ce n'est qu'un mauvais moment à passer.

La sagesse est de ne jamais en parler entre amis, ou alors pour se foutre de tous ces imbéciles qui ont claqué avant nous, et de ne jamais plaisanter à ce propos, puisque c'est le plus terrible en ce monde. S'il s'agit d'un animal, en revanche, la mort peut paraître naturelle. Qu'un chien ou un cheval meurent, rien d'étonnant, croyons-nous, et pourtant, rien de plus fatal. Car si l'animal est dépourvu d'esprit, l'instinct qui en tient lieu chez lui confère à son dernier regard un sens dramatique qui provoque le respect et l'émotion.

Mon père est parti dans son sommeil. Quelle grâce pour ce vieux brigand comme l'appelait Robert mon frère aîné qui avait vécu deux ans avec lui, à son premier poste d'instituteur en Algérie, dans un village abominable de l'abominable plaine du Chétif, pluvieuse l'hiver, torride et étouffante l'été, habitée par de pauvres Arabes et des idiots. Divorcé d'un premier lit, seul et sans aucune aide pour la cuisine et le ménage, sans un radis, il n'avait que son très modeste traitement d'humble fonctionnaire. Plus tard, le mariage avec la femme qui devint ma mère arrangea les choses. Dans sa carrière, il n'avait pas pris de galon, sans doute à cause du sale caractère qu'il m'a légué. Retraité à Alger, il avait pour amis des fauchés comme lui, des grincheux, des râleurs, des ratés de la colonie, et aussi ses habitudes. N'empêche, il s'était rapproché de vous, Seigneur, sans même s'en douter, parce que le vieillissement l'avait amendé, ce qui ne l'empêchait pas de passer quelquefois discrètement dans les bordels minables de la rue Bab-el-Oued de ce temps-là. Je l'ai su par des indiscrétions. Comme s'il y avait de la honte à s'arrêter un moment dans un lupanar quand on est vieux. C'est fait pour tous les âges. A-t-il jamais pensé qu'il pouvait mourir, mon père ? Au moins vous aurez réussi ce joli coup : vous nous avez condamnés à mort, on le sait, mais on n'y croit pas. Aucune confidence de mon père à ce sujet, son père à lui, que je n'ai pas connu, veuf, était mort à soixante-seize ans, peu de temps après s'être remarié avec une jeunesse. C'est souvent le cas : quand les vieillards se conduisent comme des jeunes mariés, ils claquent. Mon père a tenu jusqu'à soixante-dix-sept ans, il a gagné un an sur son géniteur. Ce jour-là, à Alger, il revenait, toujours à pied, de ses comités de retraités miteux et de baratineurs. C'était en 1941. Les langues allaient bon train. Il s'est arrêté un moment en chemin, fatigué, il s'est appuyé contre un mur et il est rentré chez lui comme il a pu. Là, il s'est plaint à ma mère, a bu un bol de soupe et s'est couché. Le lendemain matin, ma mère l'a appelé pour le café. Il n'a pas répondu.

En train de m'en aller ad patres, c'est à lui que je pense, avec un brin d'envie. Quand on m'avait averti et que j'étais arrivé, après une course folle en 11 CV entre Sétif et Alger à en manquer me tuer, il était déjà en bière.

Ma mère lui a survécu dix ans. Mon second frère, René, qui n'était pas de lui, la recueillit tandis qu'un cancer la transformait en loque. Je la vis dans son cercueil. La mort, cette rude salope. Je passai une nuit à côté d'elle, je pus déposer un baiser sur son front et sur ses mains glacées. Toute raide et devenue un objet d'horreur, ma mère. Le lendemain, par un beau soleil et un vent léger qui soufflait sur les vignes de la Mitidja, nous l'accompagnâmes à Sidi-Moussa, au tombeau des siens, là où ma grand-mère et mon oncle Jules l'attendaient déjà, au cimetière que les Arabes ont souillé à l'indépendance. Vous nous avez comblés, Seigneur.

Lettre à Dieu

Terre chérie, terre bien-aimée,
tu fais couler nos larmes
quand nous revoyons tes montagnes,
tes rivages et tes plaines,
nous respirons avec ivresse
le vent qui souffle de ton côté,
nous baisons ton sol sacré.

Tu serais notre seule patrie
si, après six ans de guerre
et à l'aube d'une indépendance
durement arrachée,
des fous n'avaient pas souillé
les ossements de nos mères
et des nôtres dans leurs tombes.

Terre farouche,
terre de violence et de sang,
terre qui te venges de l'injustice par l'injustice,
nous sommes quittes puisque au moment de la
[Conquête
et même après, nous avons défoncé les cimetières
de ceux qu'on appelait les bicots,
parce que leurs cimetières se trouvaient
en travers d'une route que nous construisions.

Terre de démence et de sublimité,
qui a séduit tous ceux qui ont,

si peu que ce soit, vécu chez toi,
demandons tous pardon pour n'avoir pas écouté
la parole de Dieu le Miséricordieux.

J'ai un comportement de gâteux, mais on se trompe. Je suis un rescapé, un éclopé, une garniture de pot d'hôpital, un vieillard démoli par les maléfices de traitement et, comme les malades sans force, soumis. Face à face avec la réalité, j'écoute ce qu'on dit, je sais que bientôt je ne pourrai plus aller chaque matin sur la terrasse de la basilique où le ciel, soutenu par les énormes marronniers, pétrit ses vallées et me rappelle ma condition de mortel. Cette colline est un entassement de squelettes comme après une grande bataille. Il me semble marcher sur les corps éclatés d'innombrables crétins qui sont allés porter la folie de la chrétienté jusque dans les orients poussiéreux.

« Il a retrouvé sa maison et Vézelay, il est sauvé », répète Tania. Tous pensent comme elle, sauf moi. Je gagne mon lit par un escalier raide, presque une échelle de meunier. Je respire avec de plus en plus de peine. Par devoir, j'avale, comme je l'ai promis, les gélules qui doivent me sauver. J'hésite à désirer le sommeil qui va me replanter encore derrière le pilote dont les mains sautent avec le volant du manche, tandis qu'à vingt et un mille pieds, le *F Fox* dérape sans que personne y puisse rien. D'abord, tournoiement lourd en feuille morte, alors qu'une aile s'est déjà séparée de l'avion, puis attente de l'écrasement qu'en imagination j'ai détaillé tant de fois : le *F Fox* se replie en une seconde ou deux, peut-être trois, comme un éventail qu'on referme. Seuls les quatre moteurs ont gardé leur forme ronde, mais ils fument et leurs hélices sont tordues. Quant à nous, et là ce n'est plus imagination, pilote, navigateur, bombardier, chef de bord, radio, ingénieur mécanicien et mitrailleurs, nous devenons ces pâtés de charcuterie semblables aux « friands » que j'achetais jadis sur le quai de la gare de Lyon... Mais où suis-je réellement ? Chez moi, et je déchiffre le passé à travers un voile de losanges.

Seigneur Dieu, si c'est vous le créateur, ce n'est pas tellement au Dieu architecte que je m'adresse, mais au Dieu proche des hommes s'il les a aimés au point de se faire homme lui-même, et leur a laissé, précieux cadeau, la liberté. Pourquoi avoir créé un être intelligent ? Des imbéciles, à la bonne heure ! Est-ce qu'un dinosaure ou un hippopotame vous auraient posé des questions ? Toutes vos créatures sont mortelles, même les étoiles et les pierres, à une autre échelle de temps : des milliards d'années pour une étoile comme Véga, et seulement un demi-siècle pour Cléopâtre, par exemple. Que l'étoile Véga ne sache pas qu'elle existe, que la reine d'Egypte compte les jours qui la séparent de son amant, cela suffirait à vos yeux pour justifier votre œuvre ? Nous naissons, puis nous savons que nous allons mourir et c'est insupportable. La mort est votre création universelle, puisque la vie, si elle se prolonge trop, devient pire. Y aurait-il chez vous du sadisme, et voudriez-vous que nous soyons assez stupides pour chanter vos louanges ? Un homme intelligent et immortel, qui aurait réclamé l'éternelle jeunesse, aurait été pour vous un rival. Vous n'avez ressuscité Lazare que pour le faire mourir une deuxième fois. Que serait-il devenu, vieux et gâteux ?

Soudain tout m'échappe, tout empire. En moi, plus rien ne tient. Ma nature se dissout, j'ai mal au point que je ne commande plus à rien de moi, je suis une maison minée de partout, qui s'effondre, je danse la gigue, tout mon corps m'échappe en mouvements incontrôlés comme si je voulais chasser un essaim de guêpes. Si seulement j'étais le roi David dansant devant l'Arche le jour où il la ramena dans le temple, si seulement j'étais Armstrong l'astronaute, pas le Noir qui joue de la trompette. Je me vois à ma place dans le *F Fox* que les canons de la Ruhr ont épinglé avec leurs projecteurs, et qui cognent dessus. Le *F Fox* encaisse. Des giclées de mitraille Krupp le cinglent, il y a le feu à un moteur, il nous reste une minute, et j'entends dans l'interphone un mitrailleur qui demande : « Mon capitaine, qu'est-ce qu'on fait ? » Je pense que c'est foutu, qu'on va sauter, je vais le dire à l'équipage d'une voix calme, je dois me montrer tranquille comme Baptiste. Eh bien, voilà, le moment tant redouté est là, il va falloir dire adieu à ce qu'on aimait dans la vie et même à ce qu'on n'aimait pas, qu'on se prend soudain à aimer.

Pour arrêter les secousses des jambes et des bras qui s'esbignent, je m'assois près de la table où le repas est servi, et j'essaie d'ouvrir la bouche. Cette fois mes mains grelottent au point que je ne peux plus tenir une fourchette. Encore une fois, Tania me donne la becquée comme à un oiseau près de sa fin. A la ferme, enfant, mes mains et mes lèvres tremblaient de la même façon, sous l'effet du paludisme, j'essaie de me lever. J'entends ma grand-mère native de Montségur dans l'Ariège dire à ma mère : « Mathilde, va coucher cet enfant avec une bouillotte... » La fièvre me gagne. Je glisse, je m'écroule. Mes dents claquent, je repousse la main de Tania et j'entends une autre voix, la voix d'un ami aux yeux pleins d'inquiétude : « Vous ne pouvez pas rester là, il faut aller dans un hôpital... » Je réponds : « Vous croyez ? J'en viens, de l'hôpital. » Il ricane et hoche la tête. « Ça ne fait rien. Retournez-y. »

Et soudain je pense que j'ai reçu le sacrement qui guérit, l'huile sainte, le saint chrême, c'est tout ce que ça me fait ? Beau résultat, dis-je en balbutiant et en bavant. Je garde conscience, j'ai honte de moi. Il s'est bien foutu de ma gueule, mon ami le prieur. Je me souviens qu'il m'a dit qu'il ne faisait pas de miracles, alors que c'est justement ce dont j'ai besoin, un miracle. Je repousse mon assiette, on me soutient, on me dirige vers mon lit, j'entends une voix : « Laissons-le dormir... »

A peine avachi, je m'imagine encore sur la terrasse de la basilique, un soleil neuf étincelle pardessus une nappe de brouillard bouillant, lâchant des bourrelets de vapeurs que j'ai du mal à regarder tant ils sont éblouissants, comme tout le ciel où s'étirent des traînées de nuages effilochés.

L'ami m'empoigne sous les épaules et me redresse, flageolant. Est-ce que je savais que j'étais si mal ? Inutile de se leurrer. J'ai devant moi ma table de travail encombrée de livres et de papiers, puis la fenêtre qui donne au nord sur une vallée couronnée par les forêts de la Madeleine, là où j'ai vu, les nuits dernières, les tracteurs labourer aux phares. En lisière des blés déjà levés, une route peu passante mène au village d'Asquins et à la rivière de la Cure, les terres qu'on travaillera encore avant d'y semer le maïs dans un mois ; mais je ne vois rien qu'un regard inquiet sur moi, des yeux noyés dans les larmes – c'est moi qui l'invente – et un visage soudain ravagé. La même voix anxieuse me répète : « Vous ne pouvez pas rester comme ça. » Je chancelle, je me penche. Je ne me dis pas : « C'est la fin. » Tant qu'on n'est pas allongé raide sur un lit, et, pour certains durs à cuire, tant qu'ils ne sont pas vissés dans le cercueil, on ne peut pas y croire.

Avant l'aube, on me réveille. J'ai dormi grâce à un cachet. On me dit que nous allons au Val-de-Grâce. On me pousse sur une civière par l'escalier qui donne sur le jardin, plus large que celui de l'intérieur. On me hisse à bout de bras. Je pense qu'on en fera autant avec mon cercueil.

C'était encore la nuit, il y a des lumières brouillées à l'entrée de la basilique, l'ambulance est devant le portail, on m'y enfourne. Je me reprochai alors comme un semblant d'indifférence, j'aurais dû élever mon âme, ou faire comme si. J'aurais dû vous supplier, seigneur Dieu, de me ramener bientôt, et pas dans une boîte, en ce lieu si chéri, qu'avant d'y trouver un toit, je répétais, là même, le mot du disciple : « Seigneur, on est bien ici. Dressons-y trois tentes, une pour vous, une pour Moïse, une pour Elie... » Mon âme était sèche, la tristesse me bloquait, à peine avais-je une vague nausée de soumission à la fatalité et de désolation. Tania s'assit à côté de moi, couché. La voiture démarra. Nous ne dîmes pas un mot, les maisons glissèrent dans le halo des phares, puis il y eut des tournants, des arbres, le village d'en bas, puis la route nationale, et l'autoroute avec ses feux dans le jour qui se levait. Je vivais. Pas fier du tout. Trompe-la-mort.

Au Val-de-Grâce, quand on a débarqué ma civière à la porte des urgences, ce n'est à personne, même pas à vous que je pensai, seigneur Dieu, mais à Josée.

C'était bien loin, Josée.

J'étais élève sous-lieutenant à l'école de l'infanterie et des chars de combat de Saint-Maixent (Deux-Sèvres). J'avais profité des vacances de Noël pour rencontrer à Paris René-Louis Doyon, un éditeur né à Blida, à qui m'avait chaudement recommandé Mgr Bollon, une célébrité de l'Eglise algéroise. Il s'intéressera à moi jusqu'à devenir un père putatif. C'était un type formidable, un Pic de La Mirandole, un demi-fou des femmes. Il m'a pris sous sa protection. J'ai même écrit un livre sur lui, *La Saison des Za*. Comme je souffrais alors d'une sinusite maligne que personne n'avait pu guérir, Doyon avait usé de ses relations pour me faire consulter, puis hospitaliser, au Val-de-Grâce. « Là, au moins, tu ne trouveras pas des abrutis comme partout ailleurs dans ton métier », m'avait-il dit. Et mon école ? Il avait répondu par un geste vague.

En tant qu'officier, à l'hôpital j'eus une chambre, une cellule qu'avait peut-être occupée une de ces dames du Val-Profond, cette abbaye dans un lieu sauvage près de Bièvre, non loin de Port-Royal, qu'à la suite d'un vœu Anne d'Autriche avait réinstallée à Paris, et que la Révolution transforma en faculté du service de santé. Je franchis une haute grille, longeai une cour noblement pavée et le portique grec, surmonté d'un autre portique et d'un dôme, le tout, avait dit Doyon, dessiné par Mansart. A droite de la cour, une sœur tourière déguisée en adjudant contrôlait les passages. Un peu comme un grand séminaire, mais je n'étais plus à Alger.

Le professeur de l'oto-rhino était un homme d'une grande autorité, personne n'aurait osé lui résister. Il m'examina durement et conclut qu'il fallait opérer quelques jours plus tard. Aussitôt, Josée, que j'avais connue de loin par lettres, grâce à une petite revue de poètes, vint me voir, et, quand elle m'apparut, m'éblouit. Je me gardai bien de le dire à ce voyou de Doyon pour qu'il ne me la soulève pas. Peut-être étais-je déjà las de ma jeune femme qui m'attendait à Saint-Maixent, bref, je fondis de désir. Josée devait avoir mon âge, elle était brune, belle de visage avec des yeux de houille brillante qui parfois s'embrasaient. Je dus lui plaire aussi, car elle se laissa conquérir tout de suite, ou bien eut-elle un brin de tendre pitié pour moi qui allais souffrir. Ou je ne sais quoi. Chaque jour, quelques minutes après deux heures de l'après-midi, la porte de ma cellule s'ouvrait, c'était elle, en fourrure noire aussi, brûlante, d'une élégance raffinée. Elle venait avec un livre, des fleurs ou des gâteaux. Le repos des infirmières et du personnel nous laissait quelques minutes, nous en profitions. J'avais vingt ans alors, j'étais ardent, je bouillais, elle était incandescente, un brasier, je ne demandais qu'à prendre feu. Je m'enfonçais dans son manteau parfumé, je sombrais, elle aussi, je ne craignais que le passage de Doyon, c'était un moment de folie. La chapelle de Mansart devenait le dôme d'un palais, et le Val-de-Grâce n'avait plus rien d'une abbaye.

Vous ai-je remercié, seigneur Dieu, de m'avoir comblé de vos bontés pendant ce premier séjour ? Je le fais. J'avais beau être marié depuis deux ans, je ne connaissais pas beaucoup les femmes, je tombais dans tous les pièges, comment aurais-je pu échapper à celui-là ?

La veille de l'intervention que je devais subir,

Doyon faillit nous surprendre et renifla un peu partout comme un chien de chasse. Il revint le lendemain et fut effrayé par la tête que j'avais. Le professeur m'avait ouvert le sinus frontal gauche à coups de maillet dont une anesthésie locale m'avait laissé deviner le travail, mais je poussai de si forts gémissements qu'il se résigna à m'endormir par une anesthésie générale.

Ma sinusite fut vite en voie de guérison, mais je me crus enlaidi pour la vie par un bombement considérable du front. Il m'en reste encore des traces. Doyon, effrayé, crut que j'allais mourir, il me le dit plus tard, je le compris à l'air qu'il prit et à la vitesse à laquelle il déguerpit. Pas Josée. Elle continua de me rendre visite comme si de rien n'était. Elle entrait avec toutes les odeurs de Paris, brume, tabac blond, voitures, violettes, auxquelles s'ajoutait son parfum à elle, de femme ardente, forte, solide. Nous étions en janvier, jusqu'à mon départ, elle m'apporta aussi *Le Figaro*.

Nous ne nous revîmes plus, je ne sus ce qu'elle devint. Elle savait que je ne divorcerais pas pour elle, elle me savait surtout sans avenir, je suppose que c'est pour cela qu'elle ne répondit pas à mes lettres. De mon côté, je n'appris jamais rien qui pût me laisser croire qu'elle avait réussi dans la carrière des lettres, ou ailleurs. Beaucoup plus tard, je pensais à elle quand notre troupe de bisons traversait la France et que le *F Fox* passait à quelque distance de Paris.

Je me demande toujours ce qu'elle est devenue. Son souvenir me trouble et m'enchante.

L'image du Val demeure pour moi romantique malgré l'immense bâtiment à deux ailes qu'on y a construit, à l'opposé du monastère et sur le parc où jadis ces dames et demoiselles se promenaient. Soixante ans plus tard, je me retrouve là dans un lit du service de neurologie, mal en point mais conscient, cherchant sur les visages féminins des traits qui me rappelleraient Josée. La vie a passé. Tania remplace toutes les Josée du monde. Une large baie vitrée, isolée de l'extérieur, donne sur une partie du ciel et sur l'entrée. Je me dis que si elle vivait encore, Josée serait une très vieille dame. Qui sait ? Pourquoi ne serait-elle pas aussi à l'hôpital comme certaines veuves de militaires, marchant en s'appuyant sur un déambulateur, la tête baissée, les yeux aveugles ? J'avais reçu le saint chrême et j'étais dépouillé de tout, nu comme un ver devant l'externe qui m'examinait sur toutes les coutures et m'interrogeait, alors que, chargé des bénédictions du prieur, je me sentais honteux de ne pas les avoir toutes méritées. Des losanges, j'en voyais encore partout. Par moments, des chats me mordillaient encore les chevilles et les talons.

Le prieur me l'a dit et répété. Je n'ai pas reçu l'extrême-onction dont le terme même disait ce qu'il voulait dire : délivrée quand vous êtes prêt à clamser, et je suis encore là. A-t-on déjà vu un malade s'en sortir ? Un visa sur mon passeport, voilà ce que le prieur m'a octroyé avec un appel à la foi, et la foi, qui est sûr de l'avoir ou pas ? Non, non, le sacrement au saint chrême aidait les grands malades à supporter leur sort et entrevoir une vague lumière qui ressemblait à l'espérance. Quant au pire, s'il arrivait, eh bien, louange à Dieu ! « Il n'y a que la foi qui sauve », me dis-je.

La foi, convient-il d'en parler après le séminaire ? Les femmes, je vous ai trahi pour elles, seigneur Dieu. Elles représentent le meilleur du monde, le succulent, elles sont les seuls êtres humains dignes d'amour, à l'opposé des hommes rapaces, sauvages, si souvent cruels et si laids. N'était-ce pas vous qu'on honorait en aimant les femmes ? Elles, du moins, étaient dignes d'amour, et quand, vieilles, elles ne l'étaient plus, dans leur regard luisait encore un rayon de bonté et de miséricorde.

A moitié perdu, me demandant parfois où j'étais, c'est à mon père que je pensai tout à coup. Il m'avait fallu du temps pour connaître cet homme à qui je devais d'être comme je suis, né de lui, pareil à lui sur tant de faces, lourd et peu policé comme lui. Peu à peu, j'avais compris que j'étais sa faute, je la lui faisais sauvagement payer. J'ai son physique en moins grossier, ses désirs, sa façon de vivre, son allure, je crois le retrouver quand une vitrine me renvoie ma silhouette. Depuis plus de dix ans, j'ai dépassé l'âge auquel il est mort, je me sens revenu à Rovigo, où je n'ai pas pu aller à mon dernier passage à Alger parce que, en raison des massacres, personne ne voulait m'y conduire. A présent, j'ai idée de le retrouver dans son école au moment où il pense séduire la jolie créature qu'est ma mère. Je me dis que je dois aller sur leurs traces à tous deux et vers son âme à lui, qui a dû rester là-bas, s'il en a une.

Nous sommes au début d'octobre 1906. Je le vois tel que je l'ai imaginé dans ce que j'ai déjà écrit sur lui, dans une nuit pleine de grosses étoiles avec, au nord, vers Alger, un orage qui n'éclate pas. C'est un orage de chaleur, comme cela se produit là-bas parfois, beaucoup d'éclairs, sans averse, à la fin de l'été. Il habite l'école, il sort, on étouffe, il n'en peut plus de désir et d'attente, privé de femme comme il l'est depuis des mois. De ma future mère, il est tombé amoureux fou lors d'une visite à la ferme Paris. Il pense à elle avec fureur, et elle sent qu'elle va lui céder : elle n'est pas heureuse.

En face, l'école des filles, sans lumière, au bout de la rue bordée de maisons basses, puis un bouquet de grands eucalyptus qui sentent bon, et là des Arabes accroupis, des ouvriers agricoles qui se reposent et avec qui il échange quelques mots de salutation, rien de plus, il ne manquerait plus que ça, qu'on le voie palabrer avec des bicots. On mettrait cela sur le compte de son inexpérience : il est en Algérie depuis peu de temps. Il s'en revient vers la place, la fontaine, l'église, la mairie, au pied de la montagne toute noire, sans le moindre feu. La tentation lui vient d'approcher de la maison où réside ma mère, mais il n'y cède pas. Le village semble mort, dans l'énorme, l'immense glapissement des chacals qui sont dans la montagne, et la possèdent dès la tombée du jour. On ne prête plus guère attention à cette criaillerie, sinon pour savoir que la nuit commence. Les persiennes sont tirées devant toutes les fenêtres. Derrière elles, cependant, quelqu'un écoute les moindres bruits. La route est la rue principale. Parfois, passent un char à bancs, une charrette ou un break avec une lanterne, attelés à un cheval, parfois deux, qui viennent de l'Arba, à moins que ce soit de Blida, ou qui y vont. Le garde champêtre rôde, en quête de tout. Sous le frémissement de la montagne qui bouche la moitié du ciel vers le sud, les Arabes, invisibles, insaisissables, n'agissent que la nuit, en pleines ténèbres. De jour, on aperçoit par là quelques toits miséreux, quelques gourbis.

Mon père rentre chez lui, allume une bougie dans sa chambre, se déshabille, s'étend sur son lit à matelas de crin, pense à ma mère, si affriolante à ses yeux, si jeune encore, il transpire, on étouffe. La nuit vibre, la lune va se lever et, sous la masse énorme de la montagne qui bouche l'horizon, l'espace commence à s'éclairer.

Drôle d'idée qu'il a eue de demander sa mutation en Algérie. Il n'était pas heureux. Il a cédé.

A certains moments, sur mon lit d'hôpital, il me semble que je suis sur une passerelle, en train d'aller d'un bord à l'autre. Je n'ai pas tout à fait quitté le monde. J'y suis encore mais il me tient de moins en moins et ne m'appartient plus, comme je ne lui appartiens plus. Les hommes de ce monde-là et moi ne pensons plus de même, nous ne nous comprenons plus, je m'en vais sans savoir où je vais. Je distingue à peine un autre bord, si épais est le brouillard qui le cache. Je ne sais que ce qu'on a pu m'en dire. Pas plus. Personne n'en est revenu, les récits imaginaires qu'on en tire sont d'hommes qui n'y sont jamais allés, ou de Lazare, qui s'est tu. C'est vers l'inconnu que je vais, contraint et forcé, et je sens que ma main va bientôt lâcher la rambarde où je m'accroche. Je dois avancer où mon pied s'est posé. Encore un pas.

C'est là que j'hésite. Crainte de l'inconnu. Il me faudrait un guide : mon père par exemple, mais laissons mon père où il est, après m'avoir semé. Mieux encore, un de mes anciens compagnons : Camus, Amrouche ou Guibert, tous déjà couchés dans la tombe, dans le mystère jusqu'au cou. Ou Max-Pol Fouchet, à qui je demandais (dans le cas où il serait parti avant moi) de me dire ce qu'il en pensait. Il est parti avant moi depuis dix ans déjà, et aucun signe de lui. Il m'avait bien averti : « Je te dirai, si je peux. » Et il a répété : « Si je peux... » Il s'est tu. Il y a peut-être pensé, il n'a pas pu. Ça ne m'étonne pas plus que ça.

On peut comprendre que j'hésite. Tout le monde hésite. Blaise Pascal a hésité et n'est pas venu nous dire s'il avait gagné son pari. On peut penser qu'il l'a perdu. Je suis allé un jour à l'église Saint-Etienne-du-Mont où sont ses cendres avec celles de Racine. Rien, pas le moindre signe. Nous leur ressemblons : nous cherchons et nous ne trouvons pas. Ceux qui ne tremblent pas sur la passerelle sont ceux qui espèrent. A qui la religion donne une espérance. N'est-ce pas, seigneur Dieu ? Ici, déjà, je ne me sens sûr de rien. Je sens la passerelle trembler sous mes pas. Noire, l'eau du fleuve qu'elle enjambe, le brouillard épais qui la recouvre m'atteint et me recouvre aussi. Où suis-je ? Où vais-je ? Qui sait si, dans dix ans, je ne serai pas toujours là à faire mes comptes d'espérance, de désespérance et de compagnons qui m'auront quitté. Et si l'on m'avait oublié dans les hautes sphères ? Je ne suis pas le seul à cultiver des pensées de ce genre, à qui la faute, seigneur Dieu ? Autrefois, dans l'apocalypse où nous allions, de nuit, porter la mort, j'ai pu vous implorer et m'étonner de ce que vous ne me répondiez pas. J'étais jeune, je ne savais pas. Je suis vieux, ne sais pas davantage. Je ne vous demande rien, il y a des limites à l'indécence et des règles à la décence. Alors, s'il vous plaît, n'allez pas faire de moi un centenaire. Je n'en ai jamais eu l'envergure ni la classe, encore moins la naïveté, la fierté, l'innocence ou la vocation. Tenez, Jünger par exemple, couronné de diamants, voilà un vrai héros, physique et civique, et quel écrivain ! Julien Green aussi, choyé partout, chéri des anges, dorloté, mignoté, cajolé. Moi je vous le dis, c'est par hasard que j'ai atteint quatre-vingt-onze ans. Personne chez moi n'y croyait, j'ai tout fait pour ne pas y arriver, m'y voici. Alors, de grâce, aidez-moi à en finir sans douleur, sans complication, entouré de l'affection des miens et des voisins, comme on dit, conduit à ma dernière demeure par une poignée d'amis sincères qui seront heureux de se retrouver, un jour où il ne pleuvra pas et où il y aura un peu de soleil, un jour sans bouchons sur les routes.

Quelqu'un entre, que je ne vois pas. Une infirmière. Pour la température. On la prend à l'oreille, maintenant, la température, en un éclair.

Au Val, une sorte de sérénité m'habite. En une semaine, on m'a remis à flot. On me masse les jambes et les chevilles, on me réapprend à me tenir debout, puis à risquer deux pas dans le couloir. Chaque midi, Tania, avec un cabas débordant de cerises, apparaît. Devant elle, je joue à me tenir debout. Ce n'est plus comme avec Josée. Puis ce sont les amis. Certains d'entre eux guettent le temps qui me reste à vivre : huit jours ? Quinze ? s'inquiétaient ceux que j'avais plus d'une fois alertés. Cependant, je reprenais vie, mes mains tremblaient moins ; les chats ne me mordillaient plus les pieds, je me disais qu'une fois rentré de nouveau chez moi, ce que je tournais dans ma tête, je pourrais le taper sur la vieille Hermès que je n'utilisais plus.

Un jour, subitement, animé d'une bouffée d'énergie, j'en eus assez du lit et des infirmités qu'on me prêtait. C'était en fin de matinée, je me levai, pris une canne, ouvris ma porte, marchai dans le couloir et revins m'asseoir. Hein ? Ça vous en bouche un coin ? Le printemps allongeait les jours, le soleil se couchait devant moi. Dominique, un dernier compagnon, m'aidait à manger assis dans mon fauteuil puis à me mettre au lit. J'avais demandé qu'on ne tire pas les stores, le ciel s'enflammait, toute la ville plongeait dans le sang, les étoiles s'allumaient, la lune se glissait parmi elles, et j'attendais le passage de l'infirmière de garde.

Parfois c'était la galère des îles, noire dans le noir, aux yeux brillants.

Une nuit, en plein sommeil, il me sembla que je tombais de haut et de tout mon poids. M'attendant à tout, même à en finir, je me fracassai contre quelque chose, puis tout s'arrêta, même mon souffle, et j'attendis un long moment avant d'essayer, avec précaution, de bouger quelque chose. Ma jambe gauche était bizarrement repliée à la hauteur du bassin, enroulée à droite me sembla-t-il, j'étais coincé contre quelque chose de dur. Quant aux bras, je les remuai l'un après l'autre, en ramenai un lentement sur ma tête, et commençai à réfléchir. Je ne rêvais pas, je venais de tomber, et il était largement passé minuit, me sembla-t-il encore. Où étais-je ? Dans mon lit d'hôpital, section neurologie du Val-de-Grâce. A ma droite, brillaient les lumières de l'entrée de l'hôpital. Quel meuble y avait-il à ma droite ? La séparation vitrée d'avec l'espace et le bosquet d'agrément de l'entrée. Il me sembla (ce verbe que j'emploie pour la troisième fois) que j'avais dû faire une cabriole et que j'étais recroquevillé par terre, comme immobilisé, paralysé. Appeler au secours me parut la première urgence. Mais comment ? Atteindre le bouton rouge au-dessus de moi et loin, à l'opposé de la montagne du lit, et au bout de son cordon accroché à la table de nuit à ma gauche, mais où ?

Le premier nom qui me vint aux lèvres fut celui de Josée. Josée se relevait vite, tapotait sa jupe et ses cheveux, je me renfonçais dans mon lit et m'essayais à glisser sur mon visage les traits de l'hypocrisie que les bons lazaristes avaient tenté en vain de m'enseigner. Nous nous regardions comme des complices, Josée et moi, Josée avec un soupçon de moquerie, et nous parlions du temps, de choses et d'autres, je baignais dans une courte félicité d'amour à la sauvette, à la six-quatre-deux. D'amour quand même. Doyon, s'il surgissait, ne pourrait plus interrompre nos ébats, c'était fini. Jaloux de tout, Doyon se doutait que je lui cachais quelque chose ou quelqu'un, et il mettait son nez partout, je n'allais pas lui parler de Josée. Surtout dans la position où j'étais.

Bref, je me dis : « Laisse donc Josée tranquille, c'est du siècle passé, Josée. Comme toi. »

Je situai ma tête au voisinage d'un pied du lit. Bloquée, la tête. Je me rabattis sur mes jambes que j'essayai de bouger, ce qui réussit d'abord, puis je poussai un cri féroce que personne n'entendit, un cri de mort : « Ah ! a a a a... » comme il arrive qu'on en entende dans les ténèbres d'en haut, d'en bas ou d'à côté, qu'on pouvait prendre pourquoi pas ? pour un hurlement de votre créature, seigneur Dieu inconnu, vers vous, vers la fatalité toute-puissante, ou peut-être vers la mort, pour la repousser, comme j'en entendais, la nuit de mon premier hôpital. Je peux vous le dire déjà, seigneur Dieu, je n'eus pas une seule pensée vers vous, ce jour-là, tendu que j'étais en un seul effort : me tirer de ce truc-là, de cet abîme. Un long et dramatique silence suivit. J'en conclus qu'il ne servait à rien de m'égosiller, le salut était le bouton rouge, et, après une série de tractions démesurées, je réussis à tirer un bras, puis l'autre, et, à force de contorsions, mon buste, puis une jambe, puis l'autre. Mon cœur battait au rythme de mes poumons, un soufflet de forge d'enfer. Enfin, m'appuyant d'une main sur le fauteuil, je m'extirpai de ce qui m'écrasait et j'entendis en moi-même la voix lointaine de Tania qui concluait : « Il a un cœur de zouave. »

Est-ce que je réussirais ? Est-ce que je devais abandonner tout espoir d'être délivré avant le matin, dans combien d'heures ? et tiendrais-je jusque-là ? Rien ni personne ne m'apparut en esprit, surtout pas ce qui peut être considéré comme la consolation de l'amour. Ne valait-il pas mieux se résigner, se replier en soi, au centre de la douleur principale et de toutes les autres petites douleurs secondaires, en fin de tout. Déjà, fermer les yeux et stopper l'abominable souffle. Car le souffle est ce qui me manque le plus, si je n'ai, à portée de ma main, comme une bouée de sauvetage, un insufflateur. Et puis, en finir un bon coup, savoir au moins ce qui se passe, ce qu'il y a de l'autre côté. Rien du tout ? Eh bien, le savoir.

On n'écrit pas à Dieu comme à un ami ou à un pote. Vous me paralysez, seigneur, je ne sais plus où j'en suis. Si vous existez, je suis cloué par la peur. A moi la petite voiture pour aller à vous, et, devant vous, que dire ? Qui me poussera ? On n'est à l'aise que sans vous, ou alors c'est la louange, la vénération, l'adoration, pour quoi ? Pour m'avoir fait naître ? Comme en amour. L'extase, on ne sait vraiment pas ce qu'on éprouve. Le cheval est là, on lui flatte l'encolure, et on le monte. C'est tout.

Ai-je murmuré une prière quand j'étais dans le trou ? Je me repose la question. Vous ai-je imploré ? Ce fut un mouvement d'orgueil, une sorte de révolte contre tout qui me fit éviter l'humiliation d'être découvert affalé au pied de mon lit articulé mécaniquement, sans rien de personnel ni de précieux, alors que j'ai passé ma vie dans les hauteurs. Je rassemblai mes forces, et grâce au lourd fauteuil fabriqué pour qu'on puisse s'appuyer dessus de tout le corps, je rampai (je crus ramper) puis me soulevai, et, d'un coup de reins désespéré me retrouvai aplati sur mes draps glissants. Aussitôt, je me rendormis, claqué. Quand l'infirmière entra : « Eh bien, s'exclama-t-elle, qu'est-ce qui vous a pris ? Tout est chamboulé ! »

Je répondis que j'étais tombé de mon lit dans la nuit. Elle n'en crut rien. J'avais rêvé, les autres m'en dirent autant, l'interne m'écouta en silence. Alors, moi aussi je me tus.

« Je me présente. Je suis Lazare, le frère de Marthe et de Marie, celle qui a tant fait parler d'elle, et pas toujours en bien, cette créature superbe, une splendeur, Marie de Magdala, vous voyez ? Grande famille saducéenne de culture grecque avec Platon comme maître. Chez nous, c'est à Béthanie, à deux kilomètres à l'est de Jérusalem, une belle maison où je vis avec mes sœurs. Sur la route de Jéricho. L'idéal pour un célibataire : ma sœur Marthe s'occupe de tout, Marie du reste, elle est sublime. Moi, célibataire endurci, trente ans dans quelques jours, pas la moindre liaison, ni le moindre regard pour les femmes, c'est comme ça que je suis, il doit me manquer quelque chose, c'est ce qu'on dit contre moi. Les hommes non plus, je ne les aime pas. D'ailleurs, pour la plupart, ils sont laids et stupides, souvent même méchants. Bref, c'est à

Béthanie que je tombe malade, c'est arrivé très vite, cette saleté qu'on appelle polynévrite, les nerfs. Plus de goût à rien, même à manger, je souffrais beaucoup, je ne distinguais plus rien. Tout de suite, Marie a pensé à prévenir Jésus, ce prophète qui guérit les aveugles et les paralytiques et qui vient quelquefois à la maison. Marie croit que c'est le Messie. Lui se dit fils de Dieu. Les lépreux aussi, il les guérit. On dit qu'il a rendu la vie au serviteur d'un centurion romain, de loin, sans même le voir. C'est ce qu'on dit. Un Romain, mais pas le mort, le serviteur, le Juif.

« Tout s'est passé très vite, j'étais devenu un spectre. On sut que j'étais mort quand je ne répondis plus quand on me parlait. Je ne me suis aperçu de rien. Je n'entendais plus. Il y eut des cris, des larmes, m'a dit Marthe. Marie, affolée, envoya quelqu'un chercher Jésus que d'abord on ne trouva pas. Quand il sut, paraît-il, il parut songeur, presque soucieux. "Pas tout de suite", dit-il. Marthe m'a dit qu'on m'avait lavé, habillé, puis porté au tombeau. Vite fait. Chez nous, voilà ce qu'on est. Pas grand-chose. De l'autre côté, sans presque s'en douter. Marie se taisait et pleurait. Jésus ne venait pas. Elle devait lui en vouloir un peu, à son prophète.

Difficile à imaginer comme à concevoir, seigneur Dieu, pour votre créature, la mort. Cette monstruosité par l'inconscient qu'on injecte dans les veines du mourant, du moribond. Et si c'était mon cas ? Au moment de passer de vie à trépas sans même le savoir, quelle bénédiction ! Non, je ne me suis pas vu mourir, j'ai franchi cet espace qui paraît tellement long et amer. Le moment qu'on a tellement appréhendé de connaître, on le traverse en vérité sans même s'en douter. On meurt sans savoir qu'on meurt, on ne peut plus sortir de son lit, tout mouvement devient impossible. Comme à présent ? Je suis non pas inconscient, mais incroyant. Je ne peux pas croire à une imbécillité pareille, mourir, puisque la pire des choses et des imbécillités, c'est de naître. Après quoi, *put put*, on y est, on y reste, on ne sait plus rien de rien, c'est merveilleux, on s'est endormi sans cauchemar et sans rêves. »

A Lazare, on a souvent reproché de n'avoir jamais parlé de l'au-delà. On l'a interrogé avec insistance. Est-ce que les anges lui sont apparus, est-ce qu'il a entendu des voix ? Est-ce qu'il vous a vu ? Comme s'il pouvait dévoiler des mystères. Le voudrait-il qu'il ne pourrait pas. Ce mystère de la mort est le seul qui compte pour nous quand nous sommes en vie, inquiets de ce qui sera plus tard. Quand on l'interpelle, Lazare répond qu'il ne se souvient de rien, ce qui n'est pas vrai, mais qui ne lui appartient plus. Eh bien, si Lazare pouvait parler, il vous dirait une grande, une terrible vérité : c'est le noir total, une vaste, une immense ténèbre. Pour lui. Mais il n'est resté là que trois jours, qu'est-ce que c'est que ça, trois jours ? Ou quatre, peut-être, ce n'est rien. Rien, vous m'entendez ? puisque le temps ne compte plus. Trois jours ou trois siècles, pareil.

« Tout ce que vous me dites de mes sœurs ou de Jésus, vous me l'apprenez, j'étais hors de tout, inconscient, tranquille, pépère. Ce que je sais, on me l'a dit après. J'étais dans le rien. Tout à coup, j'ai senti mon corps, comme la rivière en crue sent qu'elle existe, l'eau coule en elle, chez moi, c'était je ne sais quoi, le sang dans mes membres, la moelle dans mes os. Parfois je regrette qu'on m'ait violemment tiré de ce sommeil profond, hypnotique. Le retour du sang dans mes veines, un mouvement brusque pour me relever, le craquement de ma charpente sous l'invisible main qui m'aidait à me redresser, l'arrachement du linge qui recouvrait mon visage, tout m'a brutalisé et je n'en suis pas remis. Me voilà debout. Sur le seuil de mon tombeau dont on a retiré la pierre, je titube, je tends les mains en avant pour m'appuyer sur le vide dans la crainte de m'effondrer. Non pas aveugle, mais aveuglé par l'éblouissement de midi, comme assommé par le silence aussi, et pas encore réveillé.

« L'arrivée de Jésus, on me l'a racontée après. Quand des amis se sont précipités chez nous : avec ses disciples, il était là. On m'a raconté cela en détail à mon retour, tandis que j'écoutais comme dans un ailleurs. Quand on a su qu'il était là avec son escorte habituelle de fidèles et de curieux, mes sœurs se sont précipitées comme des folles. Marie a éclaté en sanglots. “Ah ! si tu avais été là”, lui a-t-elle dit en larmes, hors d'elle. Son visage à lui s'est assombri, on a cru qu'il pleurait. “Où l'avez-vous mis ?” a-t-il répondu d'une voix douce, puis il s'est tu longuement. Les curieux et les amis l'ont conduit au tombeau sous la roche, tout neuf. J'étais le premier occupant. Comme la petite foule grossissait, il a demandé qu'on enlève la pierre qui bouchait le tombeau, Marthe lui a dit pour accaparer son attention : “Il y a quatre jours qu'il est là, il sent déjà.” Il a paru ne pas entendre. Elle l'avait déjà dit. Marie se jeta encore une fois à ses pieds, elle exagère, Marthe n'aurait jamais osé. En public, pensez. Comme si Marie ne comptait plus, il se tourna vers Marthe : “Ne t'ai-je pas dit que si tu crois, tu verras la gloire de Dieu ?”

« Il leva les yeux, et se recueillit longuement, m'a-t-on dit : “Père, dit-il enfin, je te rends grâce de ce que tu m'as exaucé...” Le reste, ce devait être aux gens, aux inconnus qu'il s'adressait, à ceux qui étaient là et ne croyaient pas, mais qui seraient témoins de ce qu'ils avaient vu et le répéteraient à Jérusalem, à la ville, au temple, aux prêtres, à tous ceux qui ne croyaient pas qu'il était le Messie. Marie m'a avoué qu'elle tremblait. Elle sentait que du fantastique allait se passer, devait se passer, sinon, c'était pour lui la catastrophe, quelque chose comme un désaveu. Ou le contraire, la confirmation qu'il était bien, lui, le fils. Tout le monde se tut, ce fut pathétique, on aurait dit que les gens retenaient leur respiration, un âne se mit à braire dans le village, tout près, je ne sais plus qui m'a rapporté ça, cet âne qui se mit à braire, comme si c'était l'âne qui priait ou le Père qui répondait. Marie me dit qu'elle eut le cœur déchiré.

« C'est alors que moi, qui ne sens rien, moi le macchabée, j'entends mon nom et ce cri :

"Lazare, sors de là !" et pareil à un tronc d'arbre sur la rivière en crue quand elle déborde, je me laisse emporter, retourner par je ne sais quoi, transpercer par un éclair d'orage peut-être, et je me retrouve dehors, où l'on m'avait déposé, sur le seuil de la grotte, tendant les bras, essayant plutôt de tendre les bras serrés par le suaire, avec des gens devant moi et à mes côtés, des hommes et des femmes, dans un rutilement de feu.

« Et, il me semble l'avoir déjà dit, endormi comme j'étais, inconscient, je ressentis comme un tremblement de terre en moi, et un grand vent qui me souleva, me redressa en faisant craquer mes vertèbres et tous mes os, tandis que le sang ruisselait en moi comme une pluie torrentielle telle qu'il s'en abat ici en toute saison, même en été, car les orages sont de tout jour et de toute nuit sans qu'on les voie approcher. "Lazare, sors de là !" Eh bien après avoir entendu claquer ce commandement, je sortis du tombeau comme je pus à cause des bandelettes qui m'entravaient les chevilles et me voilà debout en équilibre, hors du lac de ténèbres dans une profondeur moite et visqueuse s'ouvrant sur une grosse lampe de lumière au bout de laquelle je le vis, lui, brouillé, et mes deux sœurs et des gens, brouillés aussi, et sa voix terrible, inexorable et douce dans une royale fermeté. Cette fois, j'entendis ce nouveau commandement : "Déliez-le, et laissez-le aller." Les gens s'écartaient de moi comme d'un objet d'horreur ou d'effroi, et d'abord il n'y eut que mes sœurs pour me libérer, encore que Marthe avait du mal à cacher sa répugnance, puis en me retenant sur les côtés, on m'emmena à la maison, et là, je ne me souviens plus de rien. Tout bascule. Je marche, je marche, je suis vivant, je sors de là comme d'un sommeil, le soleil m'éblouit. »

Après m'avoir regardé en silence : « Laissons-le aller », dit-il donc. Ça, je l'invente. Je n'ai jamais entendu cette voix dans ces circonstances. Et moi, qui ne suis pas Lazare, moi c'est Julius, je vais sur le chemin hérissé de rocaille funèbre pour tourner autour de la basilique. « Ne traîne pas les pieds. Redresse-toi. » Les mésanges lancent deux ou trois notes monotones et ridicules dans le matin. Une tourterelle roucoule, je crois entendre un merle siffler pour imiter le rossignol ; peut-être sait-il que les rossignols ne viennent jamais par ici, personne ne sait pourquoi, et puis la matinée serait-elle trop avancée ? Quand il s'y met, le rossignol chante nuit et jour.

Les choucas, qui ont élu domicile dans les tours depuis des siècles, surveillent tout. S'ils m'ont vu sortant du tombeau, ils ont vu aussi, d'un clin de leur œil bleu ironique, le prophète pâle et les femmes en pleurs.

Soudain la masse de brume se dissipe, de grands pans d'azur et de fumée dévalent la colline, mes yeux se dessillent, j'avance clopin-clopant, je me dis que peu de temps après, à Béthanie, Lazare va offrir un dîner à son bienfaiteur, et que, ce soir-là encore, ça devient exagéré et banal, c'est une manie chez elle, Marie viendra répandre une livre de parfum sur les pieds de l'homme-Dieu qu'elle aimait, tout le monde le savait. Et quel parfum, le plus fin ! Je ne lui reproche rien, la maison va sentir bon pendant des jours.

J'étais un homme tranquille, et me voilà empêtré dans mes bandelettes qu'on n'a pas fini d'enrouler, et qu'en esprit, en esprit seulement, je traîne avec moi.

A mon réveil d'une nouvelle nuit, je sens dans ma poitrine l'insidieux symptôme de l'angine vers mon plexus solaire. J'en ai souffert un temps. Je crois qu'il est prudent de laisser fondre sous la langue une de ces pastilles dont on m'a recommandé de ne pas me séparer, et, en effet, mon angine se retire peureusement et je me vois soulagé. Soudain sûr de moi, vaguement bravache, je me lève, vais à mon fauteuil d'où je pêche mes vêtements éparpillés, quand soudain un vertige me torpille. J'ai la présence d'esprit de me dire que cette fois ça y est, que c'est le jour et l'heure. Je vais suivre la façon dont cette vieille putain de mort s'y prend. Tout vacille et bascule, je me raccroche, je ne sais comment, à la monture du lit, et je me retrouve couché, soufflant un peu, conscient en diable, l'œil vif, dans l'attente de quoi ?

Debout ! J'essaie de m'assurer sur les rouleaux de brume qui montent vers nous. A ma droite, je devine un monument, deux tours frappées par le soleil, et son avancée pareille à la proue d'un grand navire soutenu par une forêt d'arcs-boutants, avec un éperon d'étrave. Un grand navire en cale sèche pour révision. Derrière, je devine des chapelles nichées autour du chœur, entre des colonnes taillées dans un seul bloc, et un déambulatoire qui me rappelle le déambulateur des vieillards du refuge, à moins que ce soit l'asile où j'ai vécu un temps. La brume se rapproche, nous dépasse, s'embarrasse dans ses haillons humides, parfois s'enroule autour de la colline dans d'autres filets, boursouflures où se brouille le visage de celui qui ressuscite les morts. La masse du monument écrase tout, engloutit l'immense nuée qui l'assaille et que je regarde sans y croire, tant je chancelle. Je cherche des bras pour y tomber, embobiné que je suis dans mes dernières bandelettes, dont je ne sais comment me débarrasser. J'entends quelqu'un à côté de moi qui me serine encore d'une voix insistante : « Lève tes pieds, lève la tête, redresse-toi. » Dans cette rue défoncée de nids-de-poule, de fondrières pleines d'une eau jaune où les pigeons vont boire – et ils roucoulent, les idiots, ils sont heureux, parfois ils font même semblant de se baigner entre les crottes de chien des résidences secondaires. Si je pouvais, d'un coup, tordre mes vertèbres engluées et jeter mes jambes en avant... C'est sur un ossuaire que je marche.

« Ma sœur Marie la courtisane a lu *Le Banquet* de Platon et aurait pu, comme Phrynée, toute nue et chevelure au vent, s'avancer vers la mer pendant les fêtes en l'honneur du dieu Poséidon. » Mes bons pères lazaristes n'insistent pas. Je suis d'un pays où il y a bien assez de femmes soumises, de putains, et des jeunes gens déjà bien assez tourmentés par le sexe. Ainsi, pour Marie-

Madeleine, nos pères lazaristes n'ont pas osé dire que la femme de mauvaise vie qui, au banquet offert à Jésus, tombait à ses pieds et les inondait de parfum de grand prix était la sœur de Lazare. C'est moins le ressuscité Lazare qui les intéresse que la résurrection du Christ, et pourtant, le nom seul les rattache à Lazare. Je suis resté avec eux à la porte du tombeau sans savoir ce que Lazare était devenu. Je sais, comme le veut la légende, que, dans la crainte d'être assassiné, il a traversé la mer avec ses sœurs et les saintes femmes, les autres Marie, Marie Salomé et Marie Jacobé ! En France, il est partout, son nom porté par des hommes illustres comme Lazare Carnot. Pas une église portant le nom de Madeleine sans la réplique d'une autre baptisée Lazare. Cette célébrité lui vient de sa propre résurrection. Pour nos professeurs en mystique, Marie-Madeleine n'était connue que par sa réputation d'ancienne pécheresse, comme l'appelle toujours ce bigot de Claudel. Autrement dit, cette créature avilie n'était là que pour appeler au repentir, ce qui n'est pas l'apanage ordinaire des femmes, ces « personnes du sexe » comme nos bons pères les appellent, comme s'il n'y avait qu'elles à posséder un sexe, comme si elles incarnaient tous les péchés de chair, comme si, sans elles, les hommes seraient assurés de leur salut. « Pas de contact avec les personnes du sexe ? » demande le confesseur, toujours comme s'il n'y avait qu'un sexe au monde. La pensée que la Vierge pourrait être, ma mère aussi, une personne du sexe me vient à l'esprit. J'ose l'avouer, et repassant dans ma mémoire l'allure des femmes qui ont troublé le jeune garçon que j'étais, je vois le visage, les seins, la descente de reins d'une voisine. Le soleil, les mœurs, des lèvres qu'on a envie de manger, tout me travaillait, mes maîtres aussi, mais ils étaient les premiers à le cacher sous leur soutane. J'ai constaté que la plupart des peintres qui se sont essayés au portrait de Marie-Madeleine ont obéi à cette manie de tempérer son côté volcanique et la montrent comme une nonne en méditation devant une tête de mort. Elle se repent. De quoi ? On aurait dû nous dire au contraire que la putain n'est pas plus déshonorante que la campagnarde qui vient vendre sa volaille au marché ; l'une vend ses œufs, l'autre ses fesses, mais ce ne sont pas des propos de séminaire. Aujourd'hui, pour résumer ce qu'était la sœur de Lazare, je dirais qu'elle était « bandante » et une « belle salope », comme me disait Gainsbourg. Pas de plus beau compliment à mes yeux et aux siens.

Qu'elle soit intellectuelle en plus, tant mieux. Telle que vous l'avez sortie du ventre de sa mère, c'est vous qui décidez, seigneur Dieu, de ces choses-là. Et pourquoi votre fils, incarné en homme superbe, en mâle rayonnant de force, de douceur et d'intelligence, n'aurait-il pas cédé à cette fournaise ?

Une lettre à Dieu n'est pas facile à écrire, quoi qu'on en pense. Je ne vous ai pas oublié, mais que vous existiez ou non, un certain respect est nécessaire. Votre existence est la préoccupation majeure des hommes, on ne peut pas vous écrire à la légère.

On dit qu'un moribond revoit sa vie en un éclair. Je n'ai jamais assisté à ce cinéma, à moins que, contrairement à ce qui est dit, je n'aie jamais été moribond. J'aurais pu me revoir à la ferme, à quatre ans, pendant qu'on égorgeait le cochon, ou un demi-siècle plus tard, avec ses derniers occupants qui craignaient d'être égorgés par les Arabes. Quelque chose avait changé avec la mort de ma grand-mère bien-aimée, Marie Bouychou, veuve Paris. Je ne comprenais pas pourquoi elle n'était plus là, je la cherchais et ne la trouvais plus, mon cœur se serrait, je n'osais interroger personne, je n'étais pourtant plus un enfant, mais je ne savais pas grand-chose de la vie. Pourquoi n'en suis-je pas là avec vous, seigneur Dieu ?

De mes huit années de séminaire, il me reste bien peu de chose. Les bons lazaristes ne m'ont peut-être pas beaucoup appris, ils m'ont formé, ils m'ont dressé, je suis leur élève. Pendant ces huit années, on nous faisait lever à 5 heures et à 6 le dimanche, pour méditer sur la mort. La mort des autres. J'ai assisté à la messe chaque matin pendant huit ans.

Les bons lazaristes nous promettaient la vie éternelle, en contemplation de votre face, tous mystères éclaircis, ce qui nous laissait de marbre. La vie éternelle nous paraissait lointaine et ennuyeuse, on préférait une partie de foot sur l'esplanade ou une promenade à pied aux Deux-Moulins, dans les rochers où les vagues de la mer se brisaient. Nos maîtres nous jugeaient comme un ramassis de petits voyous d'Algérie, destinés à s'en retourner dans le monde d'où ils étaient venus, après quelques années passées là, ou alors à finir chanoines à la cathédrale avec un camail à liseré rouge. Grâce à certains dons d'orateur et de chanteur, car j'aimais le grégorien, je pouvais viser plus haut. Quant aux filles et aux femmes dont on ne parlait qu'en catimini, vous étiez là, seigneur Dieu, pour m'aider à ne pas leur succomber. Pourquoi ?

Une citadelle, l'ancien séminaire, ces hauts murs, cette façade altière, peu ouverte, cet escalier double embrassant un palmier, ce front de pierre ensoleillée, cette porte qui ouvre, sur quoi maintenant ? Autrefois par où pouvaient entrer les étrangers : les parents, les amis, les laïcs, les non-religieux. Devant, l'espace qui descend brusquement sur le faubourg de Saint-Eugène, des maisons de vivants et des cases pour morts, une immense étendue de cases qui, peu à peu, d'année en année, augmentait, grimpait là où nous vivions avec nos jeunes cris et nos courses. L'espace fond vers un gouffre de soleil, de ciel et de mer. Derrière nous, c'est la montagne, la colline qu'on appelle vallée, vallée des Consuls parce que les consuls seuls avaient assez d'argent, avec les princes, les ambassadeurs ou les corsaires, pour habiter là.

Une citadelle que nous abandonnions au mois de juin pour les trois mois de vacances où nous plongions dans le monde, dans ses tourbillons et ses abîmes.

Là où mon père – celui que j'appelais mon père – nous emmenait, son village natal, un petit village de l'Aube – les tentations étaient plus fortes. Comme j'avais une voix juste et solide, et que le curé avait une voix forte et fausse, je chantais comme on me l'avait appris au séminaire, à l'admiration des fidèles parmi lesquels il y avait une belle fille de ferme qui me trouva à son goût, et moi je la trouvai au mien. Aussi, comme on ne circulait qu'à bicyclette et qu'on m'en avait payé une – une Thomann, marque peu ordinaire que mon frère René avait recommandée –, nous nous retrouvions dans les rues, la belle fille et moi, comme par hasard, et je la suivais sur une route.

Elle s'appelait Hélène, un nom que je trouvais très romantique. Nous roulions ensemble, j'apercevais ses cuisses troublantes, moi qui n'en avais jamais vu, j'avais envie de les caresser, nous nous arrêtions dans un bois, je la prenais dans mes bras, posais mes lèvres sur ses seins chaleureux puis je cherchais ses cuisses, mais elle me défendait d'aller plus loin, nous revenions, nous nous quittions, toute la soirée j'avais l'esprit ailleurs, comme mon père autrefois, sans doute, quand il était instituteur à Rovigo et qu'il ne connaissait pas encore ma mère, qu'elle ne lui avait pas encore cédé. De tout l'été, Hélène ne me céda pas non plus, mais je retournai à Alger comme si je connaissais les femmes et leur mystère.

Quand nous parlions de ce que nous avions découvert, je prenais un air entendu, mais à mon confesseur, j'avouai seulement que j'avais touché. Une cuisse de fille, c'était un petit péché, pas un monstre d'enfer.

Nous venions tous de familles modestes d'Alger ou des environs, peu éduquées, parfois mal embouchées, nous devions nous adapter, nous policer. Nos maîtres nous considéraient comme de petits voyous à élever sinon vers des hauteurs séraphiques, du moins à ne pas imiter les grossièretés arabes. Car les Arabes avaient une réputation de barbarie bien établie, la France était venue les civiliser, nous étions des exemples, il fallait éviter le vice qu'ils incarnaient. Et Dieu ? Peut-être étions-nous sans le savoir, nous qui ne comprenions rien à saint Augustin, des disciples de Luther, des luthériens ? Des partisans de la miséricorde divine, des étudiants qui ne croyaient pas que la Terre était le centre de l'univers ? Nous a-t-on jamais parlé des étoiles ou des planètes ? Peut-être croyait-on que ce serait inutilement encombrer nos débiles intelligences, et on aurait eu raison.

Nous vivions là en communauté, une vingtaine d'enfants entre douze et seize ans, une dizaine de grands séminaristes, autant de professeurs lazaristes portant la barbe, le supérieur affublé d'une grande barbe noire, chacun avec sa tâche et son rang, les professeurs et les grands élèves dans leur chambre, nous en dortoir ou en classe, tous réunis à la chapelle pour assister à la messe ou la dire, chanter en latin, écouter le prêche ou prier. Il y avait les soprani, ceux dont la voix muait, les grands en soutane comme une volée de corbeaux avec des couacs sur son passage.

Nos professeurs sortaient de la maison mère des lazaristes fondée par saint Vincent de Paul. Ce n'était pas la crème du clergé, à part le professeur d'histoire et de littérature, bizarre et exalté, et mon professeur de grec et de mathématiques dans les yeux de qui je lisais de la bonté, un grain de pitié et beaucoup d'affection. Le supérieur respirait la sévérité, le respect du règlement, l'autorité. Nous le craignions. Rien chez lui n'était aimable. Il nous considérait tous comme des chenapans à dresser. Il n'était père que de nom et ne croyait occuper ses fonctions que pour nous tancer. Plus tard, il s'amendera et sera remplacé par un homme très bon. Trop tard pour moi. A peu de distance, au début de la vallée des Consuls, s'élevait le collège des jésuites qui avait une grande réputation. Ce n'était pas pour les enfants de famille modeste que nous étions mais pour les fils de famille fortunés.

Sur la mer immense qui venait buter aux contreforts des montagnes de Kabylie, nous suivions des yeux les navires ! Ceux qui venaient du nord, apportant de France les sciences, les lettres, les arts, l'esprit, ceux qui, à l'opposé, partaient d'Alger chargés de tonneaux de vin ou d'huile ou d'ouvriers indigènes – nous dirions aujourd'hui algériens – pour répondre à l'appel de l'industrie française, ou encore de fonctionnaires français prenant des vacances ou se rendant en cure à Vichy soigner leur foie malmené par les excès d'anisette. Pour nous, les navires étaient les messagers de l'armée et des missionnaires de la foi apportant une patrie et la vérité. Nous, enfants des hommes de Dieu, en contemplation de l'univers créé, prêts à chanter sa gloire, enfermés dans ce qui était une forteresse de l'esprit de Dieu, ne voyant que la mer et le ciel, assistant au lever du soleil et l'âme ouverte au plain-chant comme à l'Ecriture distillée par nos maîtres lazaristes, d'où me vient maintenant cette idée que si nous avions suivi les leçons des jésuites, nos voisins, je ne serais pas le même homme, avec un intellect plus large ? Tant pis. Je suis comme je suis, le fils des lazaristes.

Oui, une forteresse, que nous quittions sous bonne garde une fois par semaine, en rangs, en promenade vers la colline sauvage de la Bouzaréa ou les rochers des Deux-Moulins, lieux très peu fréquentés, sauf par quelques amoureux et par les poètes qui vinrent après nous : Camus, Max-Pol Fouchet, Roblès, Jean Sénac.

Nous observions la mer d'un peu plus haut ou bien, fils de la mer cette fois, nous nous laissions fouetter par ses vagues, fils d'Ulysse peut-être sans le savoir, comme nous ne savions pas ce qui bouillait dans nos veines et, par moments, nous tourmentait l'âme. Nous rentrions un peu troublés, mais de quoi ? et par quoi ? Nous revenions au cours normal de notre vie d'enfants de Dieu, couchés après la prière du soir à 21 heures au dortoir.

Le dimanche, toutefois, nous avions une certaine liberté après la grand-messe – deux messes ce jour-là dont la première avec communion, la deuxième chantée selon le temps liturgique –, déjeuner parlé sauf au moment du carême et de l'Avent, puis football et visites au parloir quand on nous demandait.

Les parents n'avaient le droit de nous voir qu'une fois tous les quinze jours, mais ma mère osait braver le règlement. Chaque dimanche, elle montait la côte de Bab-el-Oued avec un gros cabas plein de linge et de friandises : des petits gâteaux à la patate douce, des oranges, des nèfles ou des cerises, et des nouvelles de mon père qui ne venait lui que dans les grandes circonstances où son absence eût été considérée comme un désaveu. Il était resté instituteur laïc et ne se frottait pas aux curés.

Je jouais arrière gauche, j'entendais mon nom, on m'appelait, c'était ma mère, je ne montrais pas tellement de joie, elle m'embrassait, si heureuse, alors que je laissais mon équipe avec un défenseur de moins, je montais au dortoir ranger chemises et caleçons propres et ramasser les sales. Revoir ma mère me comblait-il de joie ? Elle m'avait perdu, elle le sentait bien, c'était ainsi que Dieu, pensait-elle, la punissait de m'avoir eu dans le péché. Elle m'en aimait d'autant plus ; et moi qui n'en savais pas grand-chose, je ne la comblais pas de baisers, je lui parlais un peu détaché, comme à quelqu'un qui fait son devoir, et non comme à une mère à la fois ravie et désolée. Son fils chéri se détachait d'elle qui se reprochait de mal prier Dieu. Elle repartait un peu tristement, me voyant courir joyeusement pour reprendre ma place au match.

J'ai de la peine à présent en l'écrivant. Ai-je été un enfant ingrat ? Eh quoi, serais-je resté au séminaire sans cela ? Ma vraie mère c'était Dieu. J'étais déjà un enfant sans cœur. Depuis que ma grand-mère était morte, je n'aimais plus d'autre femme. A ma décharge, je ne savais rien des femmes, rien d'elle, ma mère. Tout ce qui lui était arrivé était normal. Elle était mère, j'étais son enfant.

La cloche sonnait, on chantait les vêpres, on retournait en étude, le repas du soir était silencieux, puis c'était la prière, le dortoir, on s'endormait avec des images du monde. Le lendemain, à 5 heures, *Benedicamus Domino*, le premier mot de la journée, lancé dans les rangs à la volée par le surveillant de semaine, nous tirait du lit, nous précipitait vers les robinets du lavabo, *Deo gratias*, la vie reprenait. A 6 heures, nous méditions déjà sur la mort, à 7 heures, messe, puis réfectoire et courte récréation. La première classe était pour le latin. On en était à Virgile. Notre professeur bataillait sur les mots, pas sur les images, la poésie.

Apparent rari nantes in gurgite vasto... C'était ardu. Quant au grec, c'était de l'arabe.

Récréation dans la grande cour sous le soleil triomphal et la mer brillante où parfois passait un cargo ou un navire de la compagnie Touache ou de la Transat, chargé de civilisation, de futaille et de militaires. Nous en étions à Lacordaire, à Bossuet, il nous fallait leur trouver du génie. Nous préférions Lacordaire qui avait des ennuis avec la discipline de l'Eglise. Quant à saint Augustin, dont le supérieur à barbe ne citait que les élévations, nous aurions aimé connaître ses chutes dans la chair, les femmes, mais là-dessus motus.

Chaque année, nous changions de classe, nous montions en grade et, sans nous en douter, en âge. J'étais en rhétorique, je touchais l'harmonium comme la cuisse d'une fille, je chantais le grégorien, j'accompagnais parfois les chants quand le titulaire du clavier n'était pas là, le rituel n'avait pas de secret pour moi, je me livrais aussi au plaisir solitaire quand m'étouffait ce qui montait en moi de désirs inassouvis, je m'en accusais. Toujours seul, le plaisir, encore que certains condisciples, assez beaux et avec des yeux de houris, soient assez tentants, les baisers suffisaient à défaut d'autres audaces que la vie en commun interdisait.

Nous ne fréquentions le monde qu'aux approches des fêtes, à la Semaine sainte. Nous descendions par Bab-el-Oued, en rangs toujours, et en tenue de drap bleu marine et casquette à insigne doré, une petite croix dans une couronne de laurier. Nous nous plongions dans un flot d'incroyants, du populaire, et la masse de ceux qu'on appelait les Arabes en habits d'Islam et les hommes en chéchia rouge. Quant aux femmes arabes, elles étaient toutes enveloppées dans un voile où n'apparaissaient que les yeux et les chevilles, mais enfin cela nous changeait et nous amusait. La cathédrale, une ancienne mosquée, se situait au pied de la ville indigène, la casbah, en plein parmi les Arabes, les incroyants pour qui nous étions les Infidèles. Nous étions dans la masse des musulmans, nous les enfants de Dieu, nous montions à la tribune de l'orgue, nous chantions en latin répons, hymnes et antiennes, le luxe du rituel archiépiscopal nous éblouissait, c'était autre chose qu'à la chapelle du séminaire. Ma mère attendait dans la foule à la sacristie, baisers furtifs, on nous poussait vite chez les Petites Sœurs des pauvres qui tenaient là un ouvroir. Elles nous gâtaient avec un repas luxueux, copieux.

Nos conversations, c'était d'abord le foot, mais d'abord seulement. Ce qu'avaient dit les professeurs ensuite, la bobine qu'ils avaient, leurs manies. C'était surtout la reprise de la conversation là où nous en étions restés quand la cloche avait sonné. Pas toujours du classique. Beaucoup de sordide, du naturel, des choses de la vie qui nous intéressait tellement et qui commençait seulement entre nous, hors des rangs ou de la classe, au grand air ou au dortoir tellement surveillé. Notre corps et celui des autres nous occupaient beaucoup avec, d'âge en âge, des variantes. L'espèce de bourrelet, de machin bizarre que nous avions entre les cuisses, mais plus encore les femmes. Les lazaristes portaient la soutane, mais on savait ce qu'il y avait dessous. Pas pour les robes des femmes. Là, c'était le mystère. A la ferme, quand j'étais petit, je me demandais comment les femmes, ma mère, ma grand-mère, pouvaient marcher avec un corps qui descendait jusqu'aux talons. Je n'imaginais pas des jambes, encore moins la liaison de ces jambes avec le ventre, mais les femmes avaient-elles un ventre ? Il y avait beaucoup de mystère chez elles. Au séminaire, il y en avait encore plus. En promenade surtout, on essayait d'en savoir davantage. Entre nous, le vent, le grand air, l'espace qui rendait les paroles aériennes comme des insectes s'envolant. De ce machin entre les cuisses beaucoup de sensations s'échappaient qui s'alliaient mal avec la première prière du matin et la méditation, quelle méditation ? Sur quoi pouvions-nous méditer à l'âge que nous avions ? On nous dirigeait sur la mort, mais qu'avions-nous à faire avec la mort ? Que savions-nous de la mort ? Ma grand-mère, ce sera pour plus tard. Tandis que l'entrecuisse, c'était la vie. Mon père aurait dû m'en parler, c'était un des mystères qui nous occupait d'autant plus qu'il prenait de la place peu à peu, qu'il existait et, avec le temps, on s'inquiétait de lui, en confession on nous demandait si nous n'avions pas, seul ou... Bref, on s'instruisait, on se documentait discrètement...

Quant à la mort, ce n'était évidemment pas pour nous, nos bons pères auraient mieux fait de nous dire que notre vie passerait comme celle d'un oiseau, que l'homme était un être éphémère, qu'il durait le temps d'y penser.

Après, ce fut l'armée : d'abord l'ennui, le manège, puis Doyon qui, en dehors, m'apprend tout. En fin de compte, il y a eu la guerre, Pétain et *La Vallée heureuse* dont le succès fit de moi un autre homme. Encore un demi-siècle consacré chez moi à la femme, qu'elle me manque ou qu'elle soit là, que je lui sois fidèle ou que je la trompe. Ma religion, c'est elle. Vieillard tout près de la fin, je persévère. Ne me suis-je pas trompé d'itinéraire ? Je ne confonds pas la femme, votre créature, avec votre majesté. C'est le feu de l'amour, seigneur Dieu, le doute, l'infidélité, la multiple beauté jusqu'à la sagesse de l'âme et la recherche d'une égide. Je ne suis pas un homme de foi, et pourtant j'aurai agi toute ma vie comme si je l'avais, la foi en vous, seigneur Dieu, pauvre sire que je suis. Dans les grands moments, quand j'appartenais par exemple à la 35e escadre, à Lyon, et que j'allais en Breguet 27 au-dessus des glaciers alpins, si merveilleux que je chantais le *Magnificat* à pleine voix au-dessus des pics. Je ne chanterai plus, mon âme ne vous magnifiera plus jamais dans la splendeur des cratères que nous allumions dans nos raids sur l'Allemagne, comme dans la vie de tous les jours. C'est fini.

Ce séminaire où j'ai passé les huit années majeures de mon enfance et de mon adolescence, je ne l'ai vraiment revu qu'une seule fois, du ciel, à cette époque tragique de la débâcle, en 1940. Nous avions passé la mer le 21 juin, mon camarade Ventré et moi, chacun sur un Potez 63 biplace. Désemparés, mais décidés à échapper à la défaite, croyant que le salut était l'Afrique.

Deux jours plus tard, dans le désordre qui régnait sur l'aérodrome de Maison-Blanche où nous nous étions posés, j'ai voulu montrer à Ventré la Mitidja où j'étais né, la ferme où j'avais vécu avec ma mère, ma grand-mère et l'oncle Jules, les montagnes qui nous coupaient du désert et, d'abord, le séminaire. A basse altitude, nous avons survolé l'immense terrasse, la chapelle, l'ensemble des bâtiments où j'embrassai d'un regard les chambres, le dortoir, la cour intérieure pareille à un cloître, les abords plantés d'eucalyptus, la vallée des Consuls et la colline de la Bouzaréa.

A Ventré je n'avais rien dit, il s'était étonné du silence que j'avais gardé. Peut-on parler quand le passé vous étouffe ? Huit ans s'étalaient là, qui avaient fait de moi l'homme que j'étais, et il fallait un désastre, une déroute, pour que j'ose y revenir.

Les années passèrent, l'Algérie entra dans une guerre fratricide, la France s'en alla. Doutes, remords, incertitudes, craintes des rencontres douloureuses, j'ai toujours eu peur de réveiller un passé cruel. A chacun de mes retours, je montais à Notre-Dame d'Afrique, il y avait entre le séminaire et moi un simple ravin – un abîme.

Pardonnez-moi si je n'arrive pas à maîtriser l'émotion qui me gagne et me submerge depuis qu'en imagination déjà j'ai revu cette terrasse où, tant de fois, pendant huit ans, j'ai contemplé la lumière qui frappait ce qui était notre chapelle, au-dessus d'une cour où nous avons, mes anciens condisciples et moi, tellement joué, tellement dribblé, tellement shooté dans le ballon, tellement contemplé la mer, la terre, les collines, le ciel, le soleil, sans trop admettre que la ville d'Alger nous était cachée par un mouvement de la côte où s'élevait la basilique de Notre-Dame d'Afrique. Avant la mer, il y avait, il y a toujours, l'espace de mort qu'est le cimetière de Saint-Eugène qui s'étend et grimpe en s'agrippant à la roche. Les enfants et les jeunes gens que nous étions n'en tiraient aucun effroi, nous vivions au-dessus des tombes avec les morts, sans jamais penser qu'un jour peut-être... La lumière du soleil nous transportait ailleurs. Sur cette terre ardente de l'Algérie, personne ne nous invitait à nous interroger, personne ne remarquait qu'on ne voyait jamais un navire entrer au port et, quand il en sortait, il n'apparaissait qu'après les collines qui nous cachaient et ne nous laissaient voir la baie qu'à partir du rivage ouest du cap Matifou. Cela m'agaçait, mais c'était ainsi que le cardinal Lavigerie avait agencé cette partie haute des environs de la ville.

D'où je suis, dans mon nouvel hôpital du Val, je vois une partie de Paris, vers l'ouest. De jour, rien de palpitant, les bagnoles sur le boulevard de Port-Royal, le flot du personnel et des visites, inégal selon l'heure. Le soir, le soleil passe par toutes les nuances d'or et de pourpre jusqu'à incendier la ville avec des éclairs inattendus. La foudre ou des éclats de phares ? Je reste des heures à contempler la ville avec ses étoiles, ses barrières de lumière, des jaillissements de feu, ses orages pareils au char d'un de vos prophètes, du temps où vous parliez à Moïse. Mon passé ne m'apparaît pas, je contemple le ciel changeant qui traduit l'agitation humaine. Comment pourrais-je croire à la mort ? Mes visiteurs me considèrent avec inquiétude et s'ingénient à évoquer devant moi un avenir plaisant. Je ne réponds pas. Il n'y a plus d'avenir pour moi, je n'attends plus rien, je suis comme le personnage d'un de mes romans, un malade à qui on demandait ce qu'il regretterait de la vie et qui répondait : ne pas assister aux progrès du monde, et quitter sa femme qu'il adorait toujours.

Qu'il soit impossible à l'homme d'avoir une idée de vous, si vous existez et même si vous n'existez pas, je le crois volontiers. Incréé, éternel, tout-puissant, immensément présent, créateur de l'univers infini, comment peut-on imaginer que vous ayez l'homme en souci ? Vous lui avez donné la liberté, sans quoi il l'aurait prise, mais a-t-on vu, entendu ou touché un esprit comme vous ? Souvent j'ai invoqué mon ange gardien pour le remercier de veiller sur moi, ne serait-ce qu'au-dessus des canons de la Ruhr. Qu'un ami soit là le jour où m'abat une crise de polynévrite et me décide à retourner à l'hôpital, qu'il appelle un médecin, exige qu'on m'expédie en ambulance, ce serait l'œuvre d'un ange gardien plus que d'un homme. Que de fois vous ai-je appelé, vous ou l'ange, sans qu'on me réponde ! Cet ange est aussi un esprit. Heureux Abraham, heureux David, et tous les grands personnages de la Bible qui ont conversé avec des anges envoyés de Dieu, tels qu'ils sont peints ou décrits. Heureux les apôtres à qui des anges ont dit que Jésus avait ressuscité, et qui affirment l'avoir vu. Heureux Thomas, heureux Paul de Tarse ! Quant à vous, j'ai cru toute mon enfance qu'installé au milieu des nuages, Dieu le père lissait sa longue barbe en nous surveillant, avec, à sa droite, Jésus de Nazareth, et à sa gauche, le Saint-Esprit rayonnant. C'était à l'église de Sidi-Moussa, au-dessus de l'autel, pendant que l'oncle

Jules sirotait un anis au café de l'Espérance. Les Arabes au moins se gardent de vous représenter, chez eux il n'y a pas d'image de Dieu. Ne savons-nous pas maintenant que l'homme est sur la Terre depuis des millions d'années et qu'il est devenu erectus puis sapiens depuis deux cent mille ans ? Il lui a fallu ce temps pour devenir ce qu'il est, et ne plus croire qu'il est né d'un peu de glaise pétrie dans vos mains et d'un souffle de votre bouche.

Dieu est amour, dit Jésus de Nazareth. Malgré tout ce que vous entendez d'injurieux à votre égard, vous nous aimez donc. L'homme, chez vous, n'est pas tel que vous l'avez infusé en nous, avec son désir bestial et son rut sauvage. Qu'il ait commis une faute radicale à l'origine, la fameuse pomme d'Eve, et que cela pèse encore sur nous, avouez qu'il y a là quelque chose d'archaïque, un peu stupide, ou alors de votre part, de la rancune à travers les siècles. Et pourtant, ce serait par amour des hommes – est-ce concevable ? – que votre fils, Jésus de Nazareth, s'est incarné et a péri sur la croix. Les hommes, que j'aurais la fâcheuse tendance à haïr, pourquoi les aimez-vous ? Pour quelques justes ? C'est-à-dire pour quelques cinglés ou inconscients ?

Je ne me suis rendu compte de rien. On me descendait sur une civière par l'escalier qui donne sur le jardin. C'était encore la nuit, et la répétition générale de ce qui aurait lieu bientôt. Avant qu'on m'enfourne dans l'ambulance, j'ai aperçu des astres et je me suis dit que je devrais remercier quelqu'un d'en être sorti, de tous ces astres, sans une égratignure ou presque (le bout d'acier Krupp sur mon plumier devant moi). Oui, remercier quelqu'un, ou personne, mais qui ? Les prières de ma mère, votre miséricorde ou le dieu hasard votre petit copain ? Vous auriez prêté attention à chacun de nous dans la ruée sauvage, comme à chacun des pilotes de chasse lâchés vers nous et prêts à déclencher les rafales de leurs mitrailleuses lourdes et de leurs canons de poche Messerschmitt ? Pour qui vous prenez-vous ? Seigneur Dieu, pour qui voudriez-vous qu'on vous prenne ? Tout cela pour en arriver là : *Si les morts ne ressuscitent pas, buvons, car demain nous mourrons.*

Je n'écris pas comme Malraux, mage antique, docteur *honoris causa* des universités du monde. Un homme qui avait en tête tous les philosophes, tous les historiens, tous les poètes, tous les illuminés et tous les écrivains du globe et qui, dès qu'on lui donnait la parole, démarrait à fond.

Gide se prenait pour un imbécile quand il l'écoutait. Et moi, alors ! J'ai relu son livre *Lazare* avec une grande attention. L'auteur, dans sa chambre, dans son lit, dialogue avec le reste du monde, avec l'homme qu'il a été, avec le professeur qui vient le voir. Seul, la torpeur le gagne ou la fièvre. Quel est le sens de la vie ? Comment faut-il recevoir la mort ? Je ne suis pas sûr d'avoir compris tout ce que dit le professeur et tout ce que répond Malraux : il fait souvent référence à un vieil ami, Méry, dont il a changé le nom et qui fut directeur de l'Instruction publique en Indochine. Le livre s'achève dans une sorte d'épiphanie de ténèbres, un désert de Perse, des décombres, des incendies, le cortège funèbre de Victor Hugo, l'Espagne, les paysannes au châle noir, un immense délire de catastrophe accentué par le haschich, ou autre chose, car il se drogue, Malraux, ça se voit, ou encore la vague de gaz asphyxiants de la Vistule expédiée par les Allemands sur les Russes.

Ce que j'écris est modeste, j'ose me mettre à la place de Lazare et je sors une patte du tombeau où j'étais presque sans le savoir. Quel dommage de n'être sûr de rien avec Malraux, sauf de son génie où l'on vogue dans l'imaginaire. On ne s'y trompe pas, ce dont je ne suis pas sûr pour de

Gaulle, au regard adorateur que Malraux subit avec un peu de confusion, car il sait bien, lui, dans ce qu'il écrit, ce qui est vrai et ce qui ne l'est pas ou ce qui l'est moins. D'où la réserve qu'il a pour les témoins, le mérite et la prudence ou la clairvoyance de ses biographes.

Là, j'ai fermé les yeux. Je souffrais trop, j'en avais assez. Je ne pouvais plus bouger, l'ami qui m'accompagnait observait devant moi un maintien optimiste et je le devinais calculant le temps qui me restait à vivre, comme je l'aurais fait pour mon ami Amrouche, dans les douleurs de son agonie, à Paris, si je n'avais été dans les montagnes de sa Kabylie, au moment où la guerre d'Algérie s'achevait. C'était surtout à l'amitié que je pensais, qui aura été la part la plus importante et orageuse de ma vie. Il en est des amitiés comme des amours. Elles s'étiolent et se dessèchent si on ne les entretient pas, et cependant, même quand elles sont composées de bois sec qui flambe mais ne dure pas, leur destin est conforme à tout ce qui vit sur la Terre : naître, grandir et s'éteindre. Jour après jour, je résistais grâce à ma femme et à ce nouvel ami que le hasard m'avait donné, et qui prenait la suite, veillant à mon repas et me bordant dans mon lit, le soir. Le peu d'intérêt que je portais encore aux choses de la vie touchait aussi la nourriture. J'avais beaucoup maigri, et pour que je touche à mon plateau, il fallait me convaincre que c'était un devoir. Tout était devoir. La nuit, je me réveillais en sursaut, je me voyais très haut, par-dessus une masse de nuages, au milieu d'un énorme troupeau de machines volantes chargées de bombes, en route vers l'invisible, suivies chacune d'une queue de glace qu'on appelait la traîne de mariée pareille à la queue d'une comète, avec une boucle aux rouleaux illuminés par la lune, et maintenant que je vois un ciel noir de cosmonaute, je me retourne avec peine en criant.

J'en ai assez de faire semblant de croire alors que je ne crois plus. Pour ma mère : une prière matin et soir pour ne pas lui faire de peine, pour qu'elle ne pense pas qu'elle a un fils incroyant. Agnostique, elle ne sait pas ce que cela veut dire, du grec *gnos*, savoir, avec *alpha* négatif ; ne pas savoir. On ne fait pas tant d'histoires à présent. A tous les agnostiques, surtout s'ils ont un titre, on ouvre toutes grandes les portes des basiliques. Sinon, les portes resteraient la plupart du temps fermées. Le père Pascal, le « penseur » des franciscains, avait ouvert celles de Vézelay pour Max-Pol Fouchet, défiant en un sursaut la règle, l'évêque et le nonce apostolique.

Je ne crois plus qu'à ce que je vois, parce qu'il y a trop de mystères. Dieu esprit avec un fils engendré, non fabriqué, consubstantiel, mort sur la croix et ressuscité le troisième jour. Et une troisième personne, le Saint-Esprit, vivificateur et procédant du Père et du Fils.

Ma mère me faisait réciter le *Notre Père* à la ferme, en me couchant, pendant qu'on entendait au loin, dans la nuit, le muezzin du douar chanter un autre Dieu dans le criaillement des chacals, et, par-ci, par-là, l'oncle Jules raclait sa gorge. Je ne vais pas me montrer comme un mécréant, à celle qui repose, peut-être en morceaux, dans le cimetière de Sidi-Moussa ravagé par les Arabes. L'homme cherche Dieu comme il peut, il veut rencontrer celui qui fait lever le Soleil, luire la Lune et les étoiles. Moi aussi je cherche Dieu, je contemplerai celui que je verrai au-dessus des nuages, au-delà des montagnes, dans la grandeur du ciel, encore plus loin, plus haut. Si j'avais pu, j'aurais pris place dans une cellule de cosmonaute, et là, à des centaines de kilomètres au-dessus de la Terre, dans un ciel noir menaçant, tout près de la grosse orange bleutée qui navigue avec sa Lune dans l'espace, j'aurais encore appelé sans qu'on me réponde. Je ne sais plus où j'en suis. Relisons Pascal : « L'homme sait si peu ce que c'est que Dieu qu'il ne sait pas ce qu'il est lui-même ; et tout troublé de la vue de son propre état, il ose dire que Dieu ne peut pas le rendre capable de sa communication. »

L'homme fait ce qu'il peut pour se défendre d'être né et d'avoir presque aussitôt à mourir. Naître, on ne sait pas ce que c'est, ni comment cela vous arrive. Mourir n'est pas une petite affaire.

Quatre-vingt-douze ans, c'est désormais la jeunesse. On ne considère plus un homme de cet âge-là comme au temps où il y avait des guerres, des révolutions ou de grandes tueries. Sauf en Afrique, où les Noirs s'exterminent encore à la hache ou au coupe-coupe, comme on massacre les baleines, les phoques ou les chevaux sauvages. Les temps ont changé depuis que les Américains ont lancé la bombe atomique sur le Japon, comme la plus honteuse abomination du monde. Et puis ? La bombe a paru terrifiante, personne n'a plus jamais osé s'en servir. Elle a arrêté la guerre que les barbares auraient continuée en Chine ou ailleurs. Sans la bombe, la guerre aurait fait plus de victimes qu'avec elle. Ainsi avait-on lancé les bombardements stratégiques sur l'Allemagne, pour que les soldats de la Reichswehr soient démoralisés. Sans la bombe, la guerre aurait duré bien davantage. Et qu'on ne vienne pas me dire que je suis pour la bombe. Je suis pour la paix, les bombes ont failli m'avoir.

Quatre-vingt-douze ans, ce serait donc l'âge d'or, à condition de bien se porter et de jouir d'une retraite de conseiller d'Etat ou de ministre, sans quoi il faut s'attendre à vivre pauvre et miséreux, et pourquoi pas centenaire, puisque bientôt, grâce aux progrès de la science, l'homme vivra jusqu'à cet âge et au-delà. Comme Jünger. Il faudra donc, dès le plus jeune âge, cotiser à une caisse de retraite de la mort douce ou s'inscrire à un club pour fauteuils roulants qui ne coûteront plus rien. A votre place, seigneur Dieu, je serais fort embarrassé : les hommes ont tellement écouté votre conseil : « Croissez et multipliez. » En plus, chaque individu se complique à l'infini de sous-êtres, si peu visibles au microscope qu'il faut des superscanners pour les dépister.

A mon âge, on a le sentiment de ne plus rien pouvoir, sinon penser, et encore ! puisque tout va s'aggraver, et nous pousser, souvent à la schlague, vers le mur des lamentations et la fin de tout. Alors pourquoi aller sur Mars ? Pour être sûr qu'il n'y a rien, ni personne, ou pour démontrer l'incertitude du monde, selon le mot de Jacques Lacarrière ? Mars a peut-être été habitée par la vie, détruite depuis. La vie aurait existé sur Mars comme elle existe sur Terre.

Je me remémore le gaillard que j'étais à mon retour de *Happy Valley*, à Paris, l'ardeur que je montrais dans ma démarche comme en tout. J'ai peine à me reconnaître près de l'extrême usure. Cette irrépressible envie de dormir qui me vient maintenant, à peine le front posé sur le coude, sur la table où je fais semblant de travailler, à peine les yeux fermés, à peine les fesses sur mon fauteuil. Dormir, état bienheureux, la journée de travail accomplie, la vie achevée, toute force manquant sauf pour le rêve qui ne réclame justement aucun effort. Sommeil qu'on demandait au corps inanimé, pour quoi on priait : *requiem æternam*, éternel le repos comme si on n'avait pas honte de trop se reposer, de dépasser les limites du raisonnable. Non. Pourtant pas encore au bout puisque, même avec des mains qui tremblent, je suis capable d'écrire un livre en le tapant d'un doigt à la machine. Tel que me voici, je vous adresse un clin d'œil complice, eh oui, à vous, seigneur tout-puissant, qui commandez, dit-on, le sort de chacun de nous. « Vieux crevé, me dis-je, te voilà prêt à passer l'arme à gauche, sois plus modeste. » Où en étais-je ? A mes retours de la Vallée heureuse quand, me rangeant avec une certaine fatuité derrière ceux que je venais de réduire en cendres, je me déclarais protégé par vous, seigneur Dieu. Le fauteuil roulant, c'était alors fatalité à ne pas dédaigner. Certains malades devaient être transbordés de leur chaise à la couche de manipulation, comme des paquets. L'un d'eux, une vieille femme assistée de sa fille, gardait son visage fermé sur ce qu'elle devait éprouver. A l'heure des repas, il y avait des embouteillages, on se saluait, ceux qui pouvaient encore se servir de leurs guiboles poussaient ceux qui ne marchaient plus, moi comme les autres. « Ah, me disais-je, si Josée me voyait. » Poussant un fauteuil, je m'appuyais sur son dossier, cela m'aidait à avancer, et tout à coup je me demandais si elle n'était pas dans l'escadron des douairières, sans que j'aie pu reconnaître ce qui restait de ses belles cuisses chaudes qui m'avaient si souvent projeté au Septième Ciel tandis qu'elle me lançait des regards teintés d'ironie. « Jules, me disait-elle tout bas, comme à elle-même, prends ce qui vient, et pour ce qui ne vient pas, patiente, ça viendra... » Ce qui me rappelait Gallois : « Jules, si tu as le feu à une aile, n'oublie pas que tu n'as qu'une minute... »

J'élève mon cœur vers vous, seigneur Dieu, je vous prie de m'épargner la petite voiture, et c'est alors que je prends la résolution de ne pas survivre à cette humiliation si vous me l'infligez. Là, je ne vous implorerai pas. Je n'aurai pas assez de force morale et de courage pour supporter une telle épreuve, seigneur. Etre suprême, éternelle présence, maître du monde universel, illustre inconnu qui nous laissez deviner qui vous êtes, si vous êtes. Car je suis comme le disciple Thomas appelé Didyme : si je ne vois dans vos mains la trace des clous et si je ne mets pas le doigt dans la plaie du côté, je ne croirai pas. En moi-même je dis : « On ne me la fait pas. » Et pourtant, s'il y a quelqu'un en qui je ne demande qu'à croire, c'est en votre fils Jésus, mort sur la croix, ressuscité le troisième jour et désormais régnant. Car vous, créateur du monde des planètes, des comètes et des étoiles, où peut-on vous situer ? Ou seulement vous imaginer ?

Revenons à Malraux. A peine avais-je rencontré Doyon qu'il me parlait du jeune homme qui lui servait de démarcheur et de chineur sur les quais. D'après Doyon, il devait passer ce jour-là, il aurait dû, et ne venait pas. A chacune de nos rencontres, chaque fois que j'arrivais chez lui, Doyon montait un déjeuner et me disait : « Malraux va venir, tu le connaîtras... » et toujours pas de Malraux. Il devait avoir mieux à faire, ou Doyon l'avait sans doute vexé, un jour où l'on avait oublié qu'on lui avait donné rendez-vous, Malraux était venu, et Mme Doyon lui avait fait deux œufs sur le plat. Il était parti en priant Mme Doyon de dire à son mari qu'il ne devait pas s'amuser à cette façon de recevoir. Ainsi avais-je raté Malraux une première fois.

La deuxième fois, ce fut quand le général de Gaulle me convoqua, le mercredi 6 juillet 1955, rue de Solférino, où il recevait à ses passages à Paris. A la fin de notre entretien, où il n'avait fait que m'écouter, le Général en civil me dit : « Il faut que vous voyiez Malraux. » Là, c'est moi le fautif. Je ne suis pas allé voir Malraux. Ni revoir le Général non plus, qui m'avait invité à Colombey. Stupide. Il allait revenir au pouvoir trois ans plus tard. C'est le drame de l'Algérie qui m'a retenu. Chez moi, erreur tactique et stratégique, que Malraux n'aurait jamais commise.

Je n'ignore pas que Malraux a subi une grave dépression en 1972, qu'on l'a hospitalisé à la Salpêtrière, qu'il en est sorti le 16 novembre, et qu'il a travaillé *Lazare* en suant, non sans une certaine solennité. Ce livre, je l'ai lu et relu avec une curiosité majeure, et n'ai pas essayé de l'imiter, ç'aurait été sottise de ma part. Comme à son habitude, Malraux a dû beaucoup réviser sa copie, et puis, ce titre, *Lazare*, seule référence au frère de Marthe et Marie de Magdala, mis au tombeau pendant quatre jours et rappelé à la vie... Pour Malraux, s'identifier à Lazare eût peut-être été se rabaisser. Le frère de Marthe et de Marie n'était pas un aigle. Il n'a pas fait parler de lui avant sa résurrection, et, après, il se contente de suivre ses sœurs en bateau pour finir, si l'on en croit le *Martyrologium romanum*, évêque de Marseille et martyr.

J'écris par habitude, et ce livre sera probablement mon dernier. Je tape à la machine sans impatience, j'essaie de rassembler mes impressions du temps où j'inspirais pitié à mes amis, et quand mes souvenirs sont des braises, de souffler dessus. Une certaine joie m'habite et je parle non sans déplaisir de cette mort qui m'a raté, bien que je craigne une rechute avec la petite voiture pour horizon. En quelque sorte, j'exploite mes épreuves.

Autrefois, séminariste qui n'avait pas encore vingt ans, je chantais l'absoute pour les défunts. C'était à Alger, pendant les vacances, dans une paroisse populaire, les deuils ne manquaient pas. *Libera me, Domine, de morte æterna...* J'étais organiste aussi, je tenais l'harmonium, chaque défunt me refilait cinq francs, ce qui me permettait d'acheter Gide, Montherlant, Kessel ou Saint-Exupéry, les livres coûtaient dans les trois francs. Voilà qui va indigner quelques bonnes âmes : tirer profit des morts quand on est séminariste. Et pour de la littérature profane. Encore le *Libera me* était-il pour ceux qui se contentaient d'une absoute, sans la messe. Avec la messe de requiem, c'était plus long, ça coûtait plus cher, peut-être dix francs. D'habitude l'absoute suffisait à la parentèle, en Algérie où l'on n'est pas confit en dévotion. Pour ma part, c'était bien par hasard si j'étais à l'harmonium avec ma voix juste de baryton. La messe, c'était le *Dies iræ, dies illa* qui me faisait passer des frissons dans le dos.

Ingemisco tamquam reus,
Culpa rubet vultus meus,
Supplicanti parce Deus...

« Je gémis comme un coupable, mes fautes font rougir mon front, pardonnez à qui vous supplie. » A la pensée de ce jour qui va, selon l'oracle de David et de la Sibylle, réduire le monde en cendres, où la trompette ouvrira les tombeaux, où on va être jugés dans les larmes et la terreur, je me demandais si les cinq ou dix francs que j'allais recevoir et mes implorations ne pèseraient pas dans la balance sur le fléau de mes péchés. Depuis quand un séminariste, quelqu'un qui aspirait au sacerdoce, pouvait-il tirer argent de ses prières pour les défunts ? Ne serait-ce pas de la simonie ? Je m'en ouvre prudemment à monsieur le curé qui a la charge de la paroisse Saint-Vincent-de-Paul, à qui décidément je suis voué puisque ce sont les lazaristes qui nous encadrent au séminaire et qu'ils sont les disciples du saint. Monsieur le curé me demande ce que je vais faire de mon argent. Acheter des livres. « Eh bien vous vous instruisez. Œuvre pie. » Oui, mais s'il savait, Corydon, le beau berger grec, chéri de Gide ? Il me dirait que je fais bien, car ce n'est pas un curé d'ici, il vient du diocèse de Lyon où l'on est plus coulant.

L'assistance ne se distinguait pas sur la piété ni la connaissance du latin d'Eglise. N'empêche. Corydon se mêlait à l'ange annonciateur des grandes ténèbres, Montherlant me proposait son infante de Castille et tout se mêlait dans le funèbre. Surtout me hantait la supplique pour un repos éternel. De l'éternité, j'avais une idée très imparfaite. A présent, où la fatigue me brise, je me demande. Un repos éternel, on doit s'ennuyer à la longue, vous ne croyez pas ? Même avec vous, seigneur Dieu, votre fils et tout le tremblement ? Peut-être même avec le Saint-Esprit. On me dit : « Vous ne pouvez juger, vous n'êtes plus sur cette terre mais dans une autre vie où tout est changé, où la félicité n'est plus la même. Le mauvais esprit, c'est vous. » Ah ! bon. Je veux bien. Malgré tout, éternellement contempler, connaître un bonheur sans fin, est-ce concevable ? N'y a-t-il pas un moment où on en a assez, et où on aimerait que ça change ? Un an, deux ans, mais un siècle, deux, l'éternité. Quand même, pardonnez-moi, j'ai un peu peur de m'embêter. On me dit : le temps n'existe plus, il n'y a plus ni commencement ni fin, donc plus de lassitude. N'empêche encore, ce n'est pas quelque chose d'ici ni de notre nature, le repos éternel qu'on peut appréhender doit tellement fatiguer des créatures faites pour ce qui passe. Il n'y a pas de beauté devant laquelle je n'aie fini par avouer que j'en avais assez. Autre chose. On a envie de dire : « De l'immortalité éternelle, délivrez-nous, seigneur. » Pardonnez-moi si je blasphème, mettons cela sur le compte de mon ignorance crasse des choses de l'esprit. Moi, c'est plutôt les cuisses d'une belle femme. J'ai envie de dire : « De la contemplation éternelle, du bonheur sans fin, délivrez-nous, seigneur. » Je reviens à mes défunts pour leur souhaiter heureux séjour parmi les innombrables foules sur le chemin de la vallée de Josaphat. Grâce aux cinq francs que les défunts m'octroyaient, j'ai pu m'acheter et lire *Les Nourritures terrestres*, *Chant funèbre pour les morts de Verdun*, *L'Equipage* et *Vol de nuit*, ces titres resteront dans ma vie comme des témoins de mon caractère et de ma foi.

Quant à l'éternité, je suis sûr que le père de mon père, qui était un homme devant qui les femmes tremblaient et qui est mort en 1918, en sait un brin à son propos. Mon père aussi, mort en 1941, de qui on disait seulement qu'il avait mauvais caractère. On est dans l'éternité comme dans l'armée, on avance par ancienneté. Au choix, c'est quand on meurt jeune : mais il faut s'appeler Rimbaud ou Radiguet, ou encore Camus. Ce que nous disons, quand nous parlons de l'éternité, n'a de sens que pour nous. D'une voix juste et pure, je chante le *Libera me* sur ma propre dépouille.

Le jour, une grille illusoire et tout en losanges sépare mon lit du reste de la chambre et s'étend même sur ce qui m'apparaît du dehors. Les yeux de mon imagination voient ainsi comme si j'étais dans une cage, ce qui me rappelle que j'appartiens au monde des reclus. La nuit, je subis encore la morsure du chat qui n'a jamais quitté tout à fait mes chevilles ni mes pieds. Par moments, cependant, il me pétrit amoureusement la poitrine.

A midi, Tania apparaît avec un bouquet de cerises de Lima qu'elle achète à l'Arabe de la rue Monsieur, puis elle m'aide à ingurgiter le repas de l'hôpital. Après quoi elle me force à marcher car, presque déjà dans la tombe, je ne suis heureux que couché, tel Lazare je suppose. De quoi était-il mort avant de ressusciter ? De ma polynévrite ? Avait-il deviné qu'on l'appelait quelque part ailleurs ? Les yeux de sa sœur Marie n'étaient-ils pas déjà pleins de larmes quand elle sentait que son frère s'en allait ? Et lui ? Avait-il des envies de marcher ? Suivait-il comme moi la course de la lune dans le ciel ? Se demandait-il déjà si elle tournait sur elle-même, savait-il que la Terre tournait autour du Soleil, pour lui, j'imagine, le centre du monde ?

On se croit seulement fatigué, on ne comprend pas que, pour soi, l'heure approche, qu'elle va sonner. J'ai lu que le romancier Saul Bellow, malade et près de sa fin dans un hôpital de Boston ou de Chicago, l'esprit tourné vers le peu de temps qui lui restait, eut la tentation de se laisser couler. Parfois, on en a assez d'être comme on est. « Par curiosité, avoua-t-il plus tard. Pour savoir ce qu'il y a de l'autre côté. » Eh oui, sans être Prix Nobel, on peut avoir envie de ne plus résister et d'en terminer. Lazare, mon cher, vous ne dites rien ? Le malheur, c'est que, même mort sur l'instant et tout à trac, on n'est conscient de rien, et donc, on ne peut plus se rendre compte de quoi que ce soit, ni rien dire aux autres. « Si je peux, si je peux », me répétait Max-Pol quand il me promettait de me renseigner sur l'au-delà chaque fois que nous abordions le sujet. Il n'a pas pu. Le vertige l'a pris un matin alors qu'il ouvrait sa porte. Il est tombé, au bruit de sa chute on l'a découvert, on a appelé des secours, on l'a emmené en ambulance à l'hôpital sans qu'il ait repris connaissance. Lui qui m'avait promis aussi de prononcer mon oraison funèbre, c'est moi qui fis la sienne et il n'eut même pas le loisir de s'en étonner. Ses proches se sont demandé s'il approuverait qu'on le passe par la basilique. Et par où alors ? Sans cloches ? Comme un chien ? Cette basilique qu'il connaissait par cœur, chapiteau par chapiteau, en détail, et dont le caractère roman constituait pour lui le cœur et la voûte mêmes du silence et de l'harmonie, se serait refusée à lui, son célébrant ? Le père Pascal l'accueillit par ces mots : « Monsieur Max-Pol Fouchet, à ceux qui pourraient en être surpris, ou même irrités, ou scandalisés, faut-il vraiment expliquer votre présence en ce lieu ? » Pareille injure ne lui a pas été infligée. Lui, l'incroyant, il est entré, un drapeau rouge enveloppant son corps comme une onde de gloire sans que personne s'en offusquât, ni même s'en étonnât. Ce drap rouge lui allait tellement mieux que le noir, et quelle foule, pour lui qui aimait tant l'entendre roucouler pendant qu'il parlait, vivant. Cette fois, il était refait, c'était moi, à qui il avait promis de rendre compte, qui racontais sa vie, qu'il était né à Saint-Vaast-la-Hougue, un nom de Graal. Comme je le disais à ceux que j'appelais « chères sœurs et chers frères », bref, ce fut un accompagnement digne de lui. Je n'en sus pas plus et n'en sais pas davantage encore, quoi qu'il m'ait dit, du point de vue qu'il aurait de sa tombe, sur la campagne et la rivière, et de la conversation qu'il aurait avec ses voisins de cimetière : Georges Bataille, Maurice Clavel, et surtout Ysé.

Voilà ce à quoi je pense dans mon lit blindé, que j'aie un visiteur ou que je sois seul, face à face avec ma fin dernière jusqu'à ce que l'infirmière des Antilles surgisse pour la température qu'on vous prend en vous pinçant l'oreille, hip ! et ça y est. C'est l'Empereur et ses grognards. Quel progrès ! Elle est pressée et me demande en vitesse mon opinion sur le nouveau massacre d'Algérie ou du Rwanda. Rien de plus que ce que je lui en ai dit hier où elle avait du temps. Rien de plus que ce que je dis tous les jours. On s'est toujours massacré là-bas. Quand ce n'était pas eux, contre les colons quand ils croyaient que la France était dans les difficultés, c'était nous quand on les envoyait se faire tuer pour nous sur un champ de bataille. Ou encore entre eux, comme jadis au temps des Turcs. N'empêche qu'aujourd'hui où ils ont conquis leur indépendance sur la France, qui ne pouvait pas la leur refuser, de nouveaux massacres indignent l'opinion vertueuse, on parle d'eux comme de barbares qu'ils sont : non seulement ils égorgent des jeunes gens, des enfants, des vieillards sans défense, mais ils compliquent la chose : ils tuent les enfants en leur brisant le crâne contre les murs, ils se servent d'une hache pour les adultes, on ne peut pas dire que ces bûcherons de la mort soient raffinés. Avec les filles, leur calcul est tout autre. Comme ils vivent dans la montagne pareils à des loups ou des sangliers privés de femelles, ils entraînent avec eux les filles qui leur plaisent, feignent de les demander en mariage et s'en servent aussitôt sauvagement les uns après les autres. Quand les filles ont cessé de leur plaire, ils les affectent aux travaux ménagers, et quand ils ne peuvent plus les voir, ou que les filles ont réussi à leur échapper, elles errent dans des villes où personne ne veut plus d'elles, accroupies sous les arcades comme des bêtes mourantes.

Cela a lieu tous les jours. Tous les jours, on massacre au couteau de boucher, au poignard, au sabre, à la hache ou à la machette, tous les jours des jeunes filles sont violées. Le président de la République algérienne va se coucher après un souper fin, un couscous de choix et des pâtisseries au miel, et, après un gros rot qu'il vous dédie, seigneur, ou plutôt à Allah, ou à Bigeard, pour le remercier, il s'endort avec bonne conscience, le voilà dans le lit qu'a occupé peut-être le général de Bourmont. Quel beau lit, quels draps fins, ce lit où ont couché aussi le maréchal Bugeaud puis le gouverneur général Viollette jusqu'à Soustelle, jusqu'au ministre résident Lacoste, mais pas de Gaulle, trop grand pour le lit, et qui ne voulait pas devoir quoi que ce soit à la colonisation ni aux paltoquets de la République d'avant lui. Depuis, l'anarchie n'a fait que s'aggraver. Venant du sud, rien à craindre. L'armée veille sur les installations et le complexe des puits de pétrole, les réservoirs et la distribution des oléoducs. Tout baigne dans l'huile, contrôlé par les meilleurs techniciens d'Europe et d'Amérique, et protégé par les meilleurs systèmes de sécurité et par des unités d'élite. Pas un chat ne peut approcher sans que l'alerte soit déclenchée. Le reste du pays, immense, les trente millions d'individus qui seront soixante demain, Dieu en fera ce qu'il voudra, le président et les généraux lui demandent de protéger les milliards de dollars qui jaillissent des profondeurs et arrosent la haute administration et la Suisse.

Je vais mieux, j'ai fait quelques pas dans le couloir. Les nouvelles de la journée sont les mêmes que la veille : une cinquantaine de morts dans les villages de la région d'Alger, un peu plus ou un peu moins que d'habitude, les médias français s'en donnent à cœur joie, avec des commentaires acerbes et indignés. Dans le Sud, tout va pour le mieux, le pétrole coule à flots, et c'est un des sujets de satisfaction du président, le soir, dans ses splendides appartements du Palais d'été, glorieux vestige de la colonisation, désormais palais du peuple à l'usage de ses représentants.

C'est alors que l'idée me vient d'y retourner pour célébrer, cette fois, mon père, à l'endroit même où il a rencontré ma mère, dans ce village qui existe encore sous un autre nom, Boughara, le nom arabe qu'il avait autrefois quand la Mitidja n'avait pas de routes, seulement des chemins muletiers, des bourgades pouilleuses d'agglomérats de gourbis, mais aussi des palais de bachaghas ou de corsaires. Si je m'en sors, de l'hôpital, si une petite santé m'est rendue, je repartirai avec mon ami Ivan Viale, mon garde du corps de la première fois.

Mon père était surtout venu en Algérie pour fuir les embrouilles qu'il avait fricotées avec les femmes, et profiter des avantages que le gouvernement brandissait à ce seul mot d'Algérie : le pactole pour les colons, le quart colonial pour les fonctionnaires. Après un long carême, l'instituteur avait fini par séduire ma mère et engendrer un nouveau bâtard, moi, maintenant dans un lit du Val-de-Grâce où je suis arrivé crevant. Dans la plupart des journaux, on préparait ma nécro. Et moi, je commençais à me dire que j'allais bientôt sortir. Dans une semaine, j'allais retrouver ma maison. Tania me disait que ce serait comme autrefois. Elle, c'était le miracle. Moi qui, comme mon père, ne songeais aux femmes que dans un lit, puis *barka*, j'avais vécu trente ans avec celle-là, travaillé avec elle, et je ne pouvais plus me passer d'elle, l'aimant comme un fou au grand étonnement des miens, eh oui, il ne faut pas désespérer. Qu'avais-je besoin de retourner là-bas, à Rovigo, pour m'indigner de cette monstrueuse marmaille dans l'école de mon père, et du village pouilleux envahi par une foule barbare avec des traces de sang séché partout, des trognes luisantes de haine, et partout la ruine, le désordre, le souvenir de mon oncle Désiré et de mes belles cousines, l'église où j'avais été baptisé le jour de Noël transformée en mosquée. Et le soir venu, seigneur, la voix puissante du mufti planant, claquant au-dessus des toits sur le vide, car dès la nuit tombée, chacun se retire chez soi et s'y barricade, dans l'attente des tueurs, quand il n'y a plus de lune ou quand la lune est couchée. J'allais supporter ça ?

Mon père était un homme qui n'a jamais goûté que par instants les joies de la famille. Enfant, il a été élevé durement. Sans la tendresse d'une mère que son mari terrorisait. Personne n'aurait osé tenir tête à ce maître qui devait instruire les enfants d'un village de la région de Bar-sur-Aube peu éduquée. Population rude, vaniteuse, soupe au lait, peu encline aux jeux de l'esprit, et qui avait subi maintes fois l'épreuve des invasions de Prussiens et de Cosaques qui découpaient leur viande sur des portes d'armoires ouvragées. Les gros propriétaires possédaient les champs, les troupeaux de vaches et les rares machines pour labourer, moissonner et battre le grain, mais chacun avait son toit, son bout de terrain, son jardin où cultiver les légumes, et quelques rangs de vigne avec une ruche ou deux. Les rues étaient souillées de bouses de vaches et de crottin de chevaux que les voisins ramassaient pour s'en servir comme fumier. Rare était le passage d'une auto, d'ordinaire celle du médecin ou la camionnette qui assurait le service des voyageurs et des colis depuis la gare de Bar-sur-Aube. La fête du village, en août, était la seule distraction de l'année, avec un cirque. Mon père m'en parlait quelquefois : les hommes étaient saouls et culbutaient les filles dans les granges ou dans les fossés. Il y avait un presbytère, un curé et sa bonne. Le curé recevait ses confrères du canton une fois par semestre et leur offrait un bon repas.

Le père de mon père, je ne l'ai connu qu'au cimetière où nous allions chaque dimanche avant la messe tandis que les cloches sonnaient. Le père de mon père avait été chantre au lutrin, il avait, m'a-t-on dit, une belle voix, et c'était au temps lointain où les maîtres d'école pouvaient chanter à l'église. C'était un homme cultivé qui avait une bibliothèque avec Chateaubriand, peut-être était-ce à cause de cela qu'on le respectait, car malgré son peu de civilité, il était aussi maire du village. Il jouissait d'une espèce de célébrité, ses élèves réussissaient. Pas ses enfants. Il n'en avait eu que deux : mon père, Henri, et une fille, Marie, qui n'était pas plus une lumière qu'Henri, et qui furent menés à la trique.

Mon père en fut marqué pour la vie. Privé de tendresse et d'affection comme il l'avait été, il se crut dispensé d'en manifester aux autres et à vous. D'abord il n'apparut pas dans ma vie dès ma naissance, car il n'était pas marié avec ma mère, il l'avait volée à un autre homme, celui de qui je porte le nom, qui ne le pardonna jamais à ma mère et me considéra comme un étranger. Lui, Henri, mon vrai père, n'était pas là non plus dans ma plus tendre enfance, il n'aurait plus manqué que ça pour ma grand-mère, garante de la justice universelle, témoin de la moralité en votre nom, seigneur Dieu, eh oui, car elle croyait en vous, elle. A ses yeux de femme, l'homme qui était mon père incarnait l'abomination, il avait trahi les serments les plus sacrés, son nom même ne pouvait pas être prononcé devant moi, et c'est pourquoi je crus un moment être né sans père. Après tout... Pour moi, l'homme, mon père, c'était l'oncle Jules. Henri, mon vrai père indigne, n'était pas fier quand il venait à la ferme, avec l'accord de ma grand-mère qui ne lui montrait qu'une attention d'obligation et jamais rien d'autre : il avait détruit le mariage de sa fille Mathilde, il avait déshonoré la famille.

Il se le tint pour dit. Plus tard, quand il eut, d'une certaine façon, « racheté » sa faute par le mariage, dans une famille où il n'y avait que ma grand-mère de vraiment digne, s'il fut reçu, ce fut par égard pour ma mère. Son premier mari mort de chagrin et de honte, elle s'appelait autrement, mais mon père, lui, en était resté au temps de sa faute, on lui marquait un certain air distant, et cet air-là, j'en étais la cause, moi qui ne portais pas son nom. Il n'eut jamais pour moi, enfant, les marques de tendresse qu'un père a pour son rejeton, non plus les embrassades, les familiarités, les gentillesses, ces mots qu'un père a pour ses enfants, quand ce sont les siens et qu'il les aime : mon gros Loulou, mon biquet chéri, que sais-je ? Moi, c'était toujours Jules, au point que d'entendre ce prénom prononcé par lui d'une voix sévère, je me croyais toujours en faute. Il devait m'aimer à sa manière, il devait se souvenir aussi de son père à lui, le fameux directeur d'école de Lévigny (Aube), l'irrésistible tyran, l'homme qui n'avait que mépris pour les illettrés et qui éduquait les enfants à la trique. Je grandissais, mon père nourrissait des inquiétudes pour la façon dont il s'était déchargé de mon éducation sur les lazaristes. Ma mère, pieuse repentie, allait à la messe chaque matin. Le dimanche, il l'accompagnait, il imitait son père sauf pour le chant. A son tour, il se sentait responsable de moi et coupable, il éprouvait pour moi des sentiments qu'il n'avait jamais eus, et peu à peu, les idées qui lui venaient, maintenant que le sexe le tourmentait moins et qu'il avait toujours la même femme, se muaient en affection pour moi, au point qu'un jour, comme j'avais réussi dans l'armée, il me demanda avec mille précautions si je ne pourrais pas ajouter son nom au mien, puisqu'il était mon vrai père. Je ne dis rien, j'en parlai à ma mère, et ma mère m'en pria aussi. Je m'informai auprès des autorités, je fis la demande, elle fut agréée. Je me souviens que je la vis imprimée au *Journal officiel*, je ne me souviens plus de la date exacte. C'était en 1941, les Allemands étaient à Paris, le nouvel Etat français avait à s'occuper de choses plus importantes. Tout en resta là.

Ainsi l'affection que j'ai eue pour mon vrai père n'était pas réellement de l'affection, mais un sentiment auquel se mêlait quelque chose d'autre, de la gratitude, car sans lui s'il n'avait pas séduit ma mère, je n'existerais pas. Et puis aussi de la pitié pour cet homme dont je ne suis pas le fils mais dont je porte le nom, et qui est mort de ce que ma mère l'ait trompé, d'autres choses encore mal définies en moi. Par exemple, cette petite industrie de parfums qui s'était installée dans le village à l'époque où mon père dirigeait l'école. Un colon avait eu l'idée de faire fortune en plantant une centaine d'hectares de géraniums. On en cueillait les fleurs au printemps qu'on distillait au village même dans une petite usine à gros alambics de cuivre rouge, l'essence partait vers les fabriques de Grasse. Au moment de la cueillette et de la distillation, le parfum des géraniums flottait partout, le village embaumait, les habitants étaient de bonne humeur, les Arabes même semblaient heureux. Hélas ! cela ne dura que peu d'années, tout le monde s'en souvenait comme d'un miracle. Je pense que c'est par une nuit sublime, grâce au parfum qui flottait sur la plaine et sur les âmes, que ma mère a cédé à la passion de l'instituteur de Rovigo nouvellement arrivé de France.

Il était bien tranquille maintenant, mon père, au cimetière de Saint-Eugène à Alger, et moi, plus vieux que lui à présent, tranquille comme Baptiste, je me blottissais à Vézelay sous l'égide de la sainte amoureuse de Jésus. Votre amoureuse à vous, votre tourterelle.

Je ne suis pas un philosophe, hélas ! Philosophe, cependant, je n'aurais jamais connu ce qui m'est arrivé dans la vie, je me serais esquivé devant ce qui a compté pour moi : vingt-cinq ans dans l'armée, la traversée d'une guerre, et cette année dans la RAF. Inoubliable. Epouvantable. Si importante pour moi.

Je dis ce que je pense et n'en fais pas honneur. Touchant mon avenir, il tient à peu de chose. Touchant mon passé, sachant que la Terre tourne autour du Soleil, que les hommes ont posé le pied sur la Lune, et qu'ils vont aller sur Mars, je me dis que nous connaîtrons bientôt une partie de l'Univers et je suis médusé. Après Mars, l'infini, le mystère, de galaxie en galaxie. Restons-en à moi. Vous m'avez condamné à mort dès ma naissance, en marge de l'infini, c'est-à-dire du néant vers quoi je retourne, ne sachant rien, sûr de rien, sauf qu'il faut marcher et barboter dans le mystère. Ma vie, ma mort ne sont qu'un petit pas dans le mystère. Si vous existez, et vous existez probablement, car votre non-existence épaissit encore le mystère, il faut attendre et espérer. Quoi ? On vous a mis de côté, c'est déjà quelque chose.

J'ai pris grand plaisir à lire Fontenelle, *Entretiens sur la pluralité des mondes*. Lui qui vécut jusqu'à cent ans, il les imagina à trente, par quelques belles nuits d'été, dans le parc de son château. Il a fait chaud, il fait bon, en tête à tête avec une belle marquise, la lune vient de se lever, on a dîné, on imagine ce qui va se passer. Fontenelle n'est pas encore le vieillard décati qu'il sera, nous sommes en 1687, il est à peu près bien fait, la conversation sur la lune et les étoiles va prendre un tour galant, léger, libertin, cavalier d'avant l'alcôve. Déjà on admet que chaque étoile pourrait bien être un monde et que le soleil, immobile, est au centre de l'univers et que la lune est habitée par des créatures qu'on imagine mal mais qu'on voit déjà débarquant chez nous avec de grosses têtes et de grandes jambes, curieuses de ce qu'elles vont apprendre de nous.

Le monde a quinze milliards d'années. Pourquoi pas douze ? Nous n'en sommes pas à ça près. La Terre ne serait une planète que depuis quatre milliards d'années, l'homme n'est devenu homme que depuis quatre millions d'années seulement, qu'il pense, et moi, quand j'étais enfant, à la ferme, j'écoutais le monde chanter dans les fils télégraphiques, l'oreille sur le poteau j'entendais une musique douce, un ronronnement qui était à mon avis le chant des étoiles invisibles, je revenais à la ferme tout chose, avec des petits Arabes comme compagnons, ce qui inquiétait ma mère. Mais aussi, pourquoi m'emmena-t-elle un soir de nouvelle lune sur le petit chemin de la ferme pour me montrer la nuit ? L'enfant que j'étais ne pouvait pas ne pas être troublé en apprenant que tout cela tournait au-dessus de nous et nous avec. Elle devait penser à l'amour, elle devait se sentir seule et moi j'étais le fruit de son péché.

Les étoiles, c'était pendant la guerre, quand on était trop loin de la base, que notre système de navigation était brouillé par l'ennemi et qu'on se croyait perdus, alors le navigateur m'appelait et me demandait un point sur les étoiles. Je pensais tout de suite à Véga, à cause de son nom, facile à imprimer dans la mémoire. Et puis, nous volions relativement haut (21 000 pieds, ce qui fait 7 000 mètres), il y avait presque toujours de la brume dans le ciel, ce qui n'incitait pas à choisir une étoile ordinaire, comme s'il pouvait y en avoir, mais une étoile de première grandeur, et là, avec Véga, on était servis, elle illuminait sa part de ciel, elle effaçait les voisines, elle occupait ce qu'en termes de navigateur on appelle les tables.

Véga, j'imaginais une déesse grecque, concubine d'un grand seigneur comme Zeus, qui n'en était pas à une aventure près, ce qui m'excitait, quoique là où nous étions, engoncés dans nos combinaisons et souvent le parachute dorsal, à l'étroit dans l'habitacle, on manquait d'aise pour empoigner le sextant, consulter le registre des astres et viser la belle Véga embarrassée dans les hauteurs célestes. D'abord je tâtonnais puis la belle consentait à s'inscrire dans l'œilleton pendant que, de l'autre main, je tournais la manette magique. Nous étions sur la route à un ou deux degrés près, le navigateur était fier et content, je ne craignais plus que la rencontre d'un chasseur en maraude, mais par bonheur, nous rentrions tranquilles à la base.

Au séminaire, les professeurs ne s'intéressaient pas aux étoiles, sauf à une seule, *Stella maris* ou encore *Stella matutina*, la Vierge Marie, étoile de la mer ou étoile du petit matin, deux évocations des litanies parmi les autres. Quelle ne fut pas ma stupéfaction lorsque la guerre m'amena dans le désert et que les étoiles étaient si grosses dans le ciel qu'on se demandait si elles n'allaient pas nous tomber sur la tête. D'autres pensées nous venaient alors : sur l'espace, le cosmos, l'univers sidéral, et on s'interrogeait sur la destinée.

Grâce au grand télescope Hubble, nous avons vu la nébuleuse d'Andromède, située à près de trois millions d'années-lumière de nous. Aux confins de l'univers visible. Elle abrite quatre cents milliards d'étoiles et appartient à un ensemble de galaxies dont fait partie la nôtre, la Voie lactée. Eh bien, seigneur Dieu, j'ai tendance à vous considérer non plus comme le grand vieillard peint au-dessus du chœur de l'église de Sidi-Moussa, mais comme un super-super-barbu, Dieu de l'Univers, un créateur dont nous ne pouvons avoir conscience dans nos petites matières grises, au-delà de tout. Invisible, sauf pour notre père Abraham qui le reçut même sous sa tente, un jour de grande chaleur, et lui offrit pour dîner la galette, la viande et le couscous préparés par Sara et les servantes. Après quoi, Dieu demanda où était Sara, la femme d'Abraham. Et Abraham, montrant d'un geste l'intérieur de la tente, répondit qu'elle était là, qu'elle faisait la tambouille. C'est alors que Dieu dit qu'il reviendrait ici dans un an, et il ajouta : « A ce moment-là, Sara, ta femme, aura un fils. » C'est ainsi que la vieille Sara, stérile de tout temps, engendra Israël, pour compenser la naissance d'Ismaël qu'Abraham, ce vieux baiseur, avait eu de la belle servante arabe Agar.

Abraham donc a vu Dieu. Mais Dieu le voyageur n'était pas seul. Abraham leva les yeux et vit trois hommes près de lui (Genèse, 18, 1 à 4). Et il courut à eux et se prosterna jusqu'à terre et dit : « Seigneur, si j'ai trouvé grâce à tes yeux, ne passe pas sans t'arrêter près de ton serviteur... » Mais c'est lequel des trois, le Seigneur ? Etait-il accompagné de deux anges ou du Fils et du Saint-Esprit ? Et comment était-il ? Grand, jeune, beau ? Et avec qui était-il ? Des gardes du corps ? Nous n'en savons rien.

Quant à moi, revenu de mes hôpitaux et de Paris chez moi, au calme, je pense à Gide, André Gide, au vieil et glorieux écrivain penché sur ses dernières pages, frappé d'inappétence intellectuelle et physique, tel que, sans sa gloire à lui, je me sentis à mon premier hôpital, soumis aux remèdes de cheval qu'on m'infligea pour effacer les traces d'une antique tuberculose. Détraqué, n'ayant pour lutter contre le mal que les cerises et le sourire de Tania et des amis, je ne m'en suis sorti que par la fuite et avec les avatars qui suivirent. Presque revigoré, repris par mon souci de ce livre, par le texte précis, vaguement tragique et ironique de cette lettre à Dieu, que je voudrais sereine, je murmure chaque soir quelque chose, ce qui n'est pas pour m'étonner, quelque chose qui ressemble à une prière. J'ai beau douter, j'ai beau ne plus croire en vous, seigneur Dieu, je prie peut-être Andromède, la galaxie des galaxies aux millions d'étoiles qui aspirera nos esprits quand nous mourrons, mais elle est loin, Andromède, que Persée, monté sur Pégase, délivra d'un monstre et épousa, je prie encore, imbibé comme je suis de foi chrétienne. La mythologie grecque ne nous touche plus guère. Je pense plutôt à Gide au temps où il voyageait. Allant au Congo ou en revenant, il traversait le Cameroun. En ce temps-là, il n'y avait pas de quatre-quatre pour se déplacer dans la brousse ou les forêts, mais des porteurs en escorte. Et le sultan local, sans connaître les goûts de Gide, avait joint aux porteurs deux jeunes pages pour la figuration, deux beautés, deux « créatures de luxe » comme les revoit Gide. On devine le problème qui se posa à lui. Le quatrième jour, il demanda au chef d'escorte comment s'y prendre. Gide est dans sa couche à porteurs avec moustiquaire, et le chef d'escorte lui dit que personne ne trouvera scandaleux qu'il demande un soir à l'un de ces beaux jeunes gens de venir « faire panka » sous sa moustiquaire. « Faire panka » c'est se servir de la natte qui se manœuvre pour devenir un ventilateur. Plus tard, Gide parlera du beau corps pâmé de cet enfant dans le décor mystérieux et formidable de la forêt équatoriale. « Gentil Mala ! sur mon lit de mort, c'est ton rire amusé, c'est ta joie que je voudrais revoir encore. »

En temps ordinaire, je m'assieds à mon bureau, j'ouvre souvent un gros ouvrage qui a pour titre *Moralistes français*, et dessous, *Pascal*, relié cuir avec filet or, dos à nerfs et doré sur tranches, sept cent soixante-sept pages de papier chiffon piqué de taches de rousseur contenant une vie de Pascal puis une longue préface aux *Pensées*, première et deuxième parties, par Madame Périer, sa sœur. Après, ce sont les *Maximes* et les *Pensées* de La Rochefoucauld, suivies d'un examen critique des *Maximes*. Ensuite, les *Caractères* de La Bruyère, suivis des *Caractères* de Théophraste, traduits du grec par le même. En dernier lieu, *Œuvres complètes* de Vauvenargues, accompagnées des *Notes* de Voltaire, Morellet, Fortia, Suard, Brière. Le tout complété par une table analytique, enfin par une table des matières. Sur la page 2 de la reliure se trouve collée la marque du premier propriétaire du livre, Robert A. Fraudler, sous un blason de trois têtes de cerf entourant une fleur de lis, avec dessous une guirlande pour la devise, mais vide. Avant le titre principal, une gravure classique de Blaise Pascal, au visage doux, et la mention : ON TROUVE L'OUVRAGE A PARIS, CHEZ LEFEVRE, LIBRAIRE-EDITEUR, RUE DE L'EPERON, N° 6. L'insigne de l'éditeur est une ruche en activité, avec la date en chiffres romains : 1834.

Je n'aurais pas pris la peine de cette description si, sur la page d'avant la gravure de Pascal, il n'y avait ces mots de ma main, écrits d'abord au crayon : *Acheté à Salisbury, mai 1944*, et, en bas de page, à l'encre : *Au cas où je disparaîtrais, ce livre sera confié au capitaine Brohon, qui me le rendra si je ne suis pas mort ou le gardera en souvenir de moi, 25 mai 1944.* Et ma griffe, un *R.*

De mon séjour en Grande-Bretagne, c'est tout ce qui me reste, avec un lambeau de fonte marqué Krupp dans mon plumier, devant moi, sur ma table.

Rien de mieux pour se préparer à tout quitter que de planifier son départ. Je me souviens d'avoir été impressionné par la dalle funèbre qu'un de mes amis avait disposée dans sa cave, prête à fermer sa sépulture. C'était un de mes compagnons de guerre, il avait commandé une escadrille du *Bomber Command* lourd de la RAF. J'avais pour lui beaucoup d'estime, nous nous étions déjà légué, l'un ou l'autre, quelque chose de ce que nous avions de plus précieux, des livres, dans le cas où nous ne reviendrions pas d'une sortie. Le sort nous avait protégés, nous étions rentrés, il avait acheté une gentilhommière, sa cave était digne d'un châtelain et, comme il avait souci d'ordre, lotie avec goût et j'oserai dire, élégance et minutie. De même pour ce qu'il avait prévu pour sa tombe. Il ne manquait sur la dalle que la date du jour fatal. Dans son testament, chaque nom des bénéficiaires était inscrit en face de ce qui lui revenait. Tous les détails y figuraient.

Je m'y pris différemment. Je proposai ma maison à l'Etat, je réunis mes proches en conférence pour leur attribuer meubles, tableaux et livres qu'ils désiraient garder en souvenir de moi. Cela ne me fit pas mourir, mais cela me donna bonne conscience. Après tout, nous pouvions nous considérer, ma femme et moi, comme chez des amis et attendre la suite avec un certain détachement. Comme nous étions revenus sains et saufs, mon camarade de guerre et moi, je n'ai nul besoin de le dire au maître de nos destinées, je rangeai avec des égards particuliers le livre qui devait lui revenir avec une mention à son nom. Qu'ai-je à rappeler cela ? Dieu, s'il existe, et j'avoue qu'un obscur instinct voisin d'une foi très primitive me poussait à croire vaguement en vous quand nous frôlions la mort dans nos raids barbares. Le titre du livre était : *Moralistes français*. Je pouvais l'atteindre de la main. Il m'arrivait même de le poser sur ma table où il pouvait demeurer plusieurs jours.

« Ôtez donc de moi, Seigneur, la tristesse que l'amour de moi-même pourrait me donner de mes propres souffrances et des choses du monde qui ne vont pas au gré des inclinations de mon cœur, et qui ne regardent pas votre gloire ; mettez en moi une tristesse conforme à la vôtre quand vous étiez homme. » Un tel propos, je n'ai qu'à tendre la main pour m'en souvenir et le dire : Pascal, seconde partie des *Pensées*, le livre en regorge. Je suis triste parce que je ne sais dans quel monstrueux sommeil je vais sombrer avec la certitude de ne plus jamais revoir ni le jour ni la vie que j'aime. Je ne sais rien non plus de ce qui m'attend : rien, puisque c'est la seule chose dont je sois à peu près sûr, ce qui n'est pas une source de joie car je devine la même mélancolie dans les yeux de ceux qui m'approchent avec la même idée : « Il n'en a pas pour longtemps. »

Ne profitez pas, s'il vous plaît, de l'état de déficience où je suis, au physique comme au moral. N'exploitez pas la peine que j'ai, parce que je suis vieux, à m'exprimer et à conduire mes idées. En apparence, je donne encore l'impression du convenable, ce qui est faux. On a du mal à croire que je ne tiens pas debout plus d'une minute, je suis incapable de gouverner un discours. La force d'esprit qui m'animait jadis m'a quitté, je ne pourrais pas prononcer dix phrases à la suite ni faire jaillir de ma poitrine ce qui m'étreint comme il n'y a pas si longtemps. Si je m'adresse à vous, soi-disant créateur de l'Univers et de chacun de nous, me voilà hésitant, pusillanime, c'est surtout du Père que je voudrais me faire entendre, s'il a vraiment envoyé son fils pour nous prouver qu'il nous aime, l'a incarné et cloué sur une croix d'infamie, ce Père à qui le fils, si proche de nous en cela, s'adresse quand il est en danger, alors que le Père, tout-puissant, est plutôt sévère, peu enclin à nous prendre sur ses genoux, et nous, peu désireux d'y sauter. Je vous regarde avec timidité et même une certaine crainte, n'abusez pas de moi, qui suis plus que circonspect à votre égard, me tenant drôlement à carreau ! Si vous vouliez savoir ce que je pense de vous, eh bien voilà.

N'empêche. « L'homme n'est produit que pour l'infini », autre pensée de Pascal, autre cause de tristesse, car si nous appelons l'infini, nous en sommes vite à nous en repentir : cet infini n'est que dans nos désirs et nos secrets, très vague. En outre, dirai-je, la date d'acquisition de mon ouvrage en Grande-Bretagne me rafraîchirait la mémoire ou m'apprendrait, si je ne le savais pas, ce qui m'attend avec une certitude que nous avons tendance à oublier en la recouvrant de la poussière des moindres détails de notre vie. C'est que, justement, cette vie va finir. « Mon cher père, m'a écrit un jour mon fils, docteur en médecine, tu vas mourir. » Si je n'y pensais plus, la lettre qui date de cinq ans à peine m'eût heureusement rappelé cette vérité, et, pour ma part, c'est avec gratitude que je l'ai reçue. Je vais mourir, les choses sont claires. Je ne m'attache qu'à ce qui est bon d'être retenu, je ne m'inquiète que de ce dont on peut s'inquiéter. Pas grand-chose, en ce temps, comme de tous les temps, de la bêtise.

S'il m'arrive de regretter quelque chose, c'est, par exemple, de ne pouvoir répondre à l'invitation qu'on m'avait faite de célébrer le centenaire de l'invention de l'aviation à l'Aéroclub de France par un discours que je sentais vibrer en moi. J'aurais aimé célébrer le désir fou que j'ai eu, comme tant d'autres jeunes hommes, de m'arracher à la vieille Terre, en décoller – en supposant que je sois en « collage » avec elle – pour explorer le ciel. A vrai dire, pour me séparer de mes semblables, être un autre homme, disons tout : pour me rapprocher de vous, si vous existez, et, à l'époque, ma mère, mon oncle Jules et les lazaristes m'avaient convaincu de cela, que vous existiez. Il fallait le croire sur parole.

Chez moi, où je travaille, je n'ai de vrai regard que pour mes proches. Eux seuls comptent et, parmi eux, il en est une de qui le sort est lié au mien. Moi disparu, les choses se feront ou se déferont d'elles-mêmes. Les chats vont et viennent. Ils s'intéressent moins à moi que je ne m'intéresse à eux. Leur intérêt est ailleurs, le mien aussi. Tout ce qui m'entoure est là pour faciliter ma vie en attente. A ma disparition, tout sera dispersé dans un délai plus ou moins long. Peut-être y aura-t-il un amateur pour *Moralistes français* sur ma table de travail jusqu'au bout, près du lambeau de fonte marqué Krupp. Les livres serrés dans les deux bibliothèques intimes comme dans une sorte de bulle, là où je suis, m'auront assisté. Il s'agit là des œuvres que je préfère, d'hommes ou de femmes qui me sont du plus intime, un peu comme le chapelet à gros grains d'olivier que ma grand-tante Laetitia Rayret, de Boufarik, avait rapporté d'un pèlerinage à Lourdes pour sa sœur Marie Bouychou, ma grand-mère. Comment Laetitia était-elle allée à Lourdes ? Mystère pour moi. En ce temps-là, les femmes de la Mitidja se risquaient peut-être une ou deux fois dans leur vie à aller à Alger ou à Blida. Passer la mer, on ne l'imaginait pas sans motif majeur, et je n'en vois pas.

Je tape cette lettre comme je peux, caractère par caractère, signe par signe, ce qui me donne le temps de réfléchir, mais faut-il réfléchir quand on écrit à Dieu, une lettre à vous, seigneur ? Si je réfléchissais je ne vous dirais pas que le moment de la mort m'effraie au plus haut point. Le verrai-je venir, ce moment-là ? Le sentirai-je me frapper ? Ou passerai-je, sans m'en apercevoir, de l'état de vivant à l'autre état ? « Il ne s'est pas vu mourir... » Quelqu'un dira peut-être cela et se trompera, car me voir mourir, je m'y entraîne, il y a belle lurette, j'allais taper « je m'y amuse ». Depuis 1944 au moins. Et c'est là où

Pascal cède le pas à Epicure, Lettre sur le bonheur :

« Stupide est donc celui qui dit avoir peur de la mort, non parce qu'il souffrira en mourant mais parce qu'il souffre à l'idée qu'elle approche... Le plus effrayant des mots, la mort, ne nous est rien, disais-je : quand nous sommes, la mort n'est pas là, et quand la mort est là, c'est nous qui ne sommes pas. Elle ne concerne donc ni les vivants ni les trépassés, étant donné que, pour les uns, elle n'est point, et que les autres ne sont plus. Beaucoup de gens pourtant fuient la mort, soit en tant que plus grand des malheurs, soit en tant que point final des choses de la vie. »

Cet Epicure, où l'avez-vous logé, puisque vous êtes, en plus de garagiste, taulier ? Près de Pascal ? Il en est digne. Près des comètes, pour qu'il échappe à votre éternité en visitant des mondes qu'il n'aurait pas aimé habiter ? Ou bien s'est-il éteint tout bonnement ? Ah ! nous voilà loin de Pascal.

Qu'est-ce que mourir, pour moi ? Abandonner ce à quoi je tiens le plus, sans quoi je ne serais plus qu'un enfant perdu, Seigneur, qu'est-ce que quatre-vingt-dix, onze ou douze ans quand la Terre a des milliards d'années, l'âge de notre soleil ? J'ai beau être bien éveillé, le rêve dans le cosmos m'habite encore, je ne sais plus très bien où je suis ni où j'en suis. Sur la Terre ou dans les nuages, là où précisément il n'y a pas de nuages, mais, quand on peut aller plus loin que la banlieue, il n'y a que ténèbres, rien que ténèbres, ce qui permet une meilleure navigation. Mourir, ce serait perdre une compagne pareille à moi, pleine d'inquiétude, fixée dans sa servitude à un destin, ardente dans ses tâches et son amour des bêtes, fidèle dans la religion de sa mère, et tellement liée à ce qui fut et est encore sa beauté et la poésie qui l'habite. Mourir, c'est pour moi tout perdre et m'en aller je ne sais où, inconscient, raide et glacé, à jamais séparé de la lumière et de la vie. En même temps, ce serait un sale tour de me laisser vivre avec le mal que j'ai à respirer et à marcher, à être dégoûté des hommes et de l'humanité, à n'être bien que dans mon lit, au chaud. Mourir, c'est avoir froid dans les moelles à en crier, si crier était encore possible, comme essayait de crier le pauvre Antonin Artaud qui se donnait en spectacle au théâtre du Vieux-Colombier, après la guerre, devant la crème des intellectuels, quand il n'était qu'une plaie de douleur et de folie. Vous savez ce que c'est, Seigneur, puisque avant de mourir sur la croix, votre fils vous a demandé pourquoi vous l'aviez abandonné. Quand on n'est ni Antonin Artaud ni un Papou, comment se plaindre ? Selon le mot d'un médecin de là-bas : « Ils n'ont pas le temps de mourir de faim. Ils meurent avant d'en arriver là. » Des Papous, il n'y en a pas seulement dans les îles de la Nouvelle-Guinée et des Nouvelles-Hébrides, il y en a partout, et même chez nous, si nous cherchons un peu.

De jour, qu'on n'ait pas peur de mourir, par une belle lumière, après une conversation entre amis, soit. En pleine nuit, dans son lit, entouré d'ombres avec quelque frêle clarté pour mesurer l'épaisseur des ténèbres, on tremble d'être ainsi à jamais et de ne plus s'intéresser à rien, quelque chose vous tord le cœur, on écoute les petits bruits de la nuit, on devine dehors la ronde des astres qu'un voile d'humidité nous cache. Malheureux jour où je suis né, on se demande pourquoi on souffre, pourquoi on appartient à la misérable espèce des hommes, arrogante quand elle se croit forte, pitoyable quand elle est faible, cruelle trop souvent, laide aussi, puante, menteuse, voleuse, sacrilège, ne vivant que de la gueule et du sexe. Soudain, on a peur de s'en aller rejoindre les morts au cimetière où ils sont serrés, on aimerait avoir près de soi la femme qu'on a choisie miséricordieuse, ou seulement un chat ronronnant, pour se retenir à cette chaloupe qu'est un lit d'homme après naufrage. L'idée de la prière vient alors, cet analgésique, anesthésique de l'âme et du corps, morphine bien-aimée qui enlève la douleur et l'angoisse. Je ne résiste qu'un instant, me demandant si ce n'est pas votre sournoiserie sacrée qui interviendrait en me proposant la plus douce prière du monde, la plus directe, la plus compromettante aussi, celle que Jésus a élevée vers son Père, c'est-à-dire Vous, pour apaiser ses disciples angoissés. Et moi qui suis toujours, comme beaucoup, à la recherche de quelqu'un de fort et de tranquille, je vous dis : « Notre père qui êtes aux cieux »... Après quoi, je peux mourir, je m'endors.

Regardez-moi, Seigneur. Laissez un instant vos yeux sur le vieil homme allongé là, frileusement enfoui sous les couvertures de laine et un édredon, le front à peine émergeant, le souffle haché, attendant le sommeil qui, grâce au cachet qu'il a pris, va le couper du présent et le plonger dans l'inconscience, aux avant-postes d'une mort douce, puisque, de la vraie, on ne se réveille pas. Dans quelques minutes, il ne saura plus où il est, il ne saura plus rien de rien, là où les songes l'emmèneront. Un long moment, il restera immobile, figé, soulagé, heureux sans le savoir, bercé par le si lointain souvenir des feuilles de maïs sèches de son matelas qui craquaient un peu sous le poids de son corps d'enfant. De cela presque un siècle, ce qui n'est rien pour Vous. Pour moi la quiétude des voix de deux femmes et d'un homme, mon oncle Jules, dans la salle à manger, sous la douce et blonde lumière de la lampe à pétrole à suspension. Voix cuivrée et chaude de ma mère, voix fluette et grave de ma grand-mère, voix nasale et un brin goguenarde de l'oncle. Dans un grésillement tranquille, je rêve déjà comme si un ange me soutenait. Mon ange gardien qui ne me parle jamais, en la présence de qui je crois naïvement. Mais la force des vents de ma vie m'emporte déjà. Regardez-le, Seigneur, ce vieil homme né parmi les hommes qu'il ne comprend pas, regardez-le serrer les lèvres, durcir sa langue pour des paroles qui, peu à peu, le font parler, à qui ? On ne sait. Il s'agite, hausse le ton, bredouille, se tait. Sa superbe, s'il en a parfois montré, est bien éteinte. Il s'enfonce dans ce qu'il nomme sa petitesse et son néant, peut-être exagère-t-il. Moins humble qu'il voudrait qu'on le juge, il a lutté toute la vie avec les siens qui voulaient l'empêcher d'aller où il ne devait pas, avec les condisciples et les maîtres, avec les instructeurs, avec les machines, avec les femmes, avec lui-même surtout quand il a dû se forcer à étudier, à obéir, à marcher droit, à réfléchir, à s'obliger, là où le destin l'avait placé, à des plongées dans le péril et le risque de mort. Le voici tel que vous le voyez, parcouru de frémissements dans ce lit, à deux pas de la noble abbatiale au fronton hérissé de statues ébréchées par le soleil, la neige et le gel plus que par les impies, soumis enfin, n'entendant plus, au-dessus, les pas qui résonnent à peine dans les poutres du plancher d'en haut, le voilà reparti, échappant à la force qui maintient les vivants sur l'écorce terrestre. Le voilà peut-être, en songe, crevant les nues et projeté avec une vitesse qui paraît grande mais qui n'est rien comparée à celle des astres, vers les lointains où il échappe aux vues et où la pesanteur le plaque sur son siège, ce qui provoque chez lui des soupirs, et il est à peine en lisière de forêt, à peine en banlieue de la Terre, le vrai lointain le jettera seul et démuni vers les frontières de l'univers entr'aperçu, vers l'inconnu qui n'a plus pour nom que des lettres, des chiffres et des tirets sans aucun sens pour nous, mortels d'ici-bas, aveugles, étouffés, anéantis avant le néant, éperdus sous des dehors tranquilles. Oui, où est-il, le fringant capitaine que les Anglaises admiraient avec ses ailes dorées, quand il apparaissait dans les cathédrales gothiques, à son retour des raids sur l'Allemagne ?

Là, je me demande toujours, comme mon oncle Jules, si vous existez, sacré nom de Dieu, comment vous allez me recevoir, une fois que je serai clamsé pour de bon, une fois séparé de mon âme, si j'en ai une qui vaille, et que, par exemple, je comparaîtrai devant vous. En ce temps-là, on pouvait toujours dire, pour se donner le courage de remonter dans ces ordures où il n'y avait de bon que les moteurs qui n'arrêtaient pas de tourner, on pouvait toujours prétendre que c'étaient ces sauvages, ces porcs d'Allemands qui avaient commencé la guerre, avec Coventry, rasée par eux avec d'autres villes qui appartiennent désormais à l'Histoire. Ce n'est pas une raison, quand on appartient au monde civilisé, de s'en souvenir, des années après, en invoquant la loi du talion et la nuit des temps. Alors, ces braves couillons d'équipages, ça leur remontait le moral, tandis qu'ils mangeaient leurs œufs au bacon. Ils se disaient : « Cette fois, ce sera pour quelque chose... » Les autres fois, c'était pour faire plaisir au Group Captain, au Vice air-marshall, à l'Air-marshall et à Winston. Et même à de Gaulle, qui serait fier de nous, ex-enfants de Pétain. Et on y allait, et, pour notre petite part, on ajoutait nos bombes de mangeurs de grenouilles aux bombes des Angliches avec le sentiment qu'on avait bien mérité des Alliés et qu'on serait bien reçus à notre retour, s'il y en avait un. Mais qu'une localité de trente mille habitants germaniques, entre autres, puisse ne plus exister, on s'en foutait un peu.

C'est là, tout à coup, que me revient en mémoire ce jour où je décrochai le téléphone qui sonnait, et que j'eus au bout du fil une voix de femme qui me demandait, moi, J.R. Comme cette voix avait un accent germanique, je dis que J.R. n'était pas là, que j'étais son secrétaire. Et la voix de femme dit que cela n'avait pas d'importance, que le secrétaire suffirait. Là, je me sentis en confiance, plus libre, et la voix aussi pour ce qu'elle avait à me dire. Nous avons parlé un instant de l'Allemagne, je dis que le chancelier Helmut Kohl était venu ici avec François Mitterrand, quelques années auparavant, en 1989, qu'on avait mis des drapeaux noir, rouge et or sur l'hôtel de ville et partout, que je m'étais même fâché avec les autorités ecclésiastiques parce que j'avais demandé qu'on sonne les cloches, vous comprenez, c'était l'empereur d'Allemagne et le roi de France, sans armées, sans canons, c'était l'Europe, nom de nom, et le curé n'a pas voulu. Une histoire que la voix semblait ne pas connaître. J'avais un peu de peine à me faire entendre et à entendre, car la voix devenait de plus en plus embrouillée et chaotique, comme si j'avais eu une femme en larmes au bout du fil. Et soudain, je me dis que cette femme n'était peut-être venue ici que pour rencontrer un des anciens bombardiers qui avaient rasé la petite ville où elle vivait, elle ou sa famille, et qu'elle seule en avait réchappé par hasard. Elle voulait voir de ses yeux un de ces salauds-là. Et le salaud c'était moi. J'oubliai alors que je tenais le rôle du secrétaire du dénommé Jules Roy, et je lui dis, car la voix se cassait de plus en plus et se gorgeait de grosses larmes, qu'elle vienne à la maison puisqu'elle était là, qu'elle retéléphone, qu'il y avait sûrement un malentendu, que J.R. la verrait et lui expliquerait. Et là, la ligne fut coupée, la voix se tut, et je restai un moment avec mon combiné à la main, ne sachant que faire. Même pas son nom. J'avais oublié de le lui demander, ou l'hôtel où elle logeait. Après, nous appelâmes partout, elle n'était nulle part. Ce malentendu me tourmenta beaucoup.

A présent, j'ai pour les Allemands les sentiments qu'on éprouve pour le miracle : les anciens nazis sont devenus des démocrates. D'ennemis acharnés nous voilà amis. Plus même, amoureux les uns des autres, moi des unes surtout, pourquoi ne pas l'avouer ? Quand je détaille sur Arte les charmes de la speakerine qui nous présente une gorge à damner un saint, la croupe, on ne la voit pas, elle est assise dessus, je rêve de tous les soudards qui ont occupé la Sarre pendant les guerres, et finalement, but suprême, final, de nos stupides, mutuels et abominables massacres historiques. Ce que le chancelier Konrad Adenauer et le général de Gaulle avaient compris à l'avance, quand ils sont tombés dans les bras l'un de l'autre, Seigneur, vous le savez, vous, mais puis-je le dire sans trop de honte ? Certes, quand le triste sort des armes m'obligeait à bombarder la Ruhr et les villes d'à côté, la pensée première qui m'obsédait, au-dessus des brasiers que nous allumions, était d'échapper aux grappes d'obus Krupp qui nous encadraient de leurs fleurs noires, mais j'en avais une autre que je taisais, que je n'aurais jamais osé avouer en ce temps-là, c'est qu'à la paix, je n'aurais pas la chance, comme les braves officiers de chars des armées Leclerc et De Lattre, de pouvoir fourrer dans mon lit une jeune, une juteuse, une merveilleuse *gretchen* d'au-delà du Rhin et de lui chanter la petite chanson, la très vieille chanson de nos tables d'escadrille :

> *Aux quatre coins du lit*
> *Un bouquet de pervenches, lon la...*

Vous, Seigneur, qui savez tout si vous existez, vous êtes aussi miséricordieux, vous l'auriez choisie pour moi, la *gretchen*, toute chaude de ses appas et dodue à souhait comme la speakerine, pour me consoler de tout ce que j'ai pu endurer dans les camps de la RAF, aux odeurs de mauvaises frites à la graisse, et les vapeurs d'huile des quadrimoteurs *Utility* Halifax de Sa Majesté britannique. Ce vieillard à demi conscient qui se demande où il est quand il se réveille, prenez-le avant que son rêve ne l'envoie griller encore au milieu de sa ferraille en flammes.

Je suis ailleurs que dans mon lit, j'aperçois un bout de cosmos par le hublot de la nacelle, et, la tête un peu tournée, le cœur près de chavirer, pas tranquille du tout, je me demande toujours où je suis, ce que je fabrique là et surtout comment cela finira, je pense vaguement à vous, seigneur Dieu, comme égaré sur un sol inconnu où l'on craint de voir un garde vous interpeller. Je me dis que si vous existiez, ce dont je doute de plus en plus malgré les comètes, vous seriez l'auteur involontaire ou bénévole, comme on voudra, de ces carambolages dans l'espace, plus fréquents qu'on ne croit, entre astres reconnus et objets détachés non reconnus, tournant sans cesse sur eux-mêmes comme sur leur orbite propre, se cognant de temps en temps les uns aux autres sans être toujours identifiés, et provoquant de sérieux dégâts. Cela dans l'idée qu'on s'en fait, je veux dire que ce qui compte pour un esprit humain ne compte pas, ou si peu, pour un esprit astral. Ou pour le vôtre, toujours dans le cas où vous existeriez, seigneur Dieu. Ou dans les dogmes des Eglises, pas seulement celle du pape. Ou dans les hauteurs invisibles, peu importe qu'on se cogne pourvu que personne n'en sache rien. Ainsi, ces comètes rasantes qui finissent par être aspirées par le Soleil.

Voilà ce qui, entre autres choses, m'avait tarabusté dans mon équipée d'astronaute involontaire : est-ce que ce serait vous qui présideriez à ce micmac ? Nous saurons bientôt si c'est vrai. Comme nous savons déjà beaucoup de choses, par exemple que notre Terre existe et tourne depuis quatre milliards et demi d'années. Nous savons aussi que l'homme existe depuis quatre millions d'années, et qu'il y a deux millions d'années il s'est divisé en quelques espèces, le *sapiens* d'Europe n'ayant que quarante mille ans environ. Avec nos quatre ou cinq millénaires de civilisations diverses, nous sommes les nouveaux venus dans l'ensemble de ce qui est. Mais l'homme est intelligent, vous ne devriez pas jouer à cache-cache avec lui. Si c'est votre créature, si vous lui avez vraiment soufflé dessus, dans deux ou trois générations il saura tout. Il est allé sur la Lune, il se prépare à bondir sur Mars, et si ce n'est pas lui, ce sera un robot. Il cherche l'origine de la vie mais n'a trouvé jusqu'à présent que le désert. La Terre est un grain de sable dans le cosmos, même pas, et l'homme un grain de poussière, même pas. Et c'est ce grain de poussière pensant, c'est ce roseau, pour revenir à Pascal, qui voudrait se servir de l'espace sidéral pour s'aider à vivre plus longtemps. Dans un millénaire, il aura peut-être disparu comme les dinosaures sans qu'on sache comment. D'autres créatures plus subtiles que lui, ou d'autres dinosaures doués d'intelligence chercheront les traces de notre civilisation à travers les forêts qui les auront ensevelies. D'autres créatures proches de nous, qui auront échappé au cataclysme, recommenceront à essayer de repousser la mort. Car l'Eglise a beau nous dire qu'elle est vaincue, que votre divin fils ressuscité l'a tuée, elle est toujours là, elle empoisonne notre vie. Et le paradoxe est bien que, si elle n'était pas là pour servir d'inspiratrice à nos poètes et d'espérance à nos héritiers, elle nous manquerait. Et on ne saurait plus que faire de nos armées de vieillards engaillardis.

D'habitude, le samedi matin à 9 heures, Tania sortait la voiture, je m'y fourrais péniblement, et nous voilà dégringolant du rocher, saluant d'un geste les autres habitants de la bourgade, amis depuis le temps. Dans la semaine ils se terrent comme nous et, le samedi, beau temps ou pas, vont aux nouvelles et au pain frais, montent et descendent suivant le cas. A la porte du Barle, nous virions à droite, vers les premiers lacets de Clamecy, pays natal de Romain Rolland, puis on s'enfonçait dans les bois sur la route qui va au village de Fontenay à travers la forêt domaniale. Sur quelques kilomètres, un chemin parfois semé d'ornières, parfois lisse, selon les travaux qu'on lui consacrait. Nous le suivions à petite vitesse, par les futaies de chênes, des travaux d'affouage et des tournants jusqu'au débouché sur l'est et le sud. Presque renversé par un flot de soleil impétueusement immobile en apparence, c'est là qu'autrefois j'entamais la marche à pied et m'écriais au-dedans de moi : « Seigneur, je vous remercie de la nouvelle journée que vous me donnez ! » En moi-même j'ajoutais : « Celle-là vaut le coup d'être en vie. » Ce jour-là, j'aventurais quelques pas, traînants déjà tant j'étais essoufflé. J'aspirais les douces couleurs des champs et des friches, je voyais s'écouler les saisons après le dur hiver, j'admirais le ciel où des sillages d'avions s'effilochaient, pareils à des hippocampes. Je m'exaltais dans la splendeur du ciel et les mouvements du terrain en creux et bosses jusqu'à notre rocher sacré, comme un dieu sur son piédestal. A l'horizon brillaient les tours dont la vue faisait jadis éclater de joie les pèlerins. Montjoie ! Aussitôt ils lavaient leur membre viril dans l'eau d'un ru ou d'une fontaine : *Lava mentulam*. Comme si le besoin exigeait, à l'approche du Seigneur, la purification de toute salissure. Et pourquoi pas les femmes, leurs fesses ? Chez moi, les pierres étincelantes éveillent le besoin de croire et c'est ainsi qu'une marée m'entraîne vers ce que je cultive au plus secret : le souvenir de ma tribu : ma grand-mère, mon oncle Jules et Meftah, mon père qui n'est pas l'homme de qui je porte le nom, ma mère, ma première épouse, mes frères, tous ceux qui m'ont aidé dans la vie, les femmes qui ont eu le tort d'aimer en moi quelqu'un qui le leur rendait si mal. D'abord j'avançais face au sud-est, où le soleil était aveuglant, puis vers l'est, puis vers le nord, empruntant un autre chemin, où d'habitude des bœufs broutent tranquillement sans se demander pourquoi ils sont là dans de grasses prairies. Je les saluais d'un petit geste mélancolique. « Pauvres vieux, leur disais-je, vous ne savez pas ce qui vous attend. »

Des écharpes de brume violette rampent sur les hauteurs où elles se dissipent, d'autres vapeurs s'accrochent dans les vallons, des fumées montent vers notre rocher mystique, signe de l'amour fou d'une belle créature pour votre fils. La nature, les champs, différents à chaque passage, déchaumés après la moisson, à peine écorchés avant les labours pour qu'ils puissent boire l'eau des orages. Et soudain, tout changeait. Les collines blondes devenaient d'un brun léger, puis, à l'automne, d'un brun plus soutenu, de velours noir avec le regain sur les prés fauchés que les troupeaux rasaient avec délectation. Les matins étaient déjà réensemencés par les vents de fleurs rustiques, les collines se croisaient, s'effaçaient et s'entremêlaient hors de la forêt, se divisaient en une multitude de ravins et de hauteurs, chacun avec des couleurs que les nuages entraînaient avec le vent et le soleil. Des coquelicots avaient échappé à la dent des faucheuses et en frémissaient encore, j'en cueillais une poignée, quand ce n'était pas, au début de l'été, un arum violet jailli des bas-côtés du chemin parmi les digitales, des volubilis ou des pois de senteur sauvages. A ma place, Teilhard de Chardin aurait écrit une page sublime. Au moment de la canicule, quand il m'arrivait d'avoir soif, je me souvenais de la Samaritaine venue chercher de l'eau au puits auprès duquel Jésus était assis, et de leur conversation, une fois que la femme se fut étonnée qu'un Juif adresse la parole à une Samaritaine. Et Jésus disait : « Si tu connaissais le don de Dieu, c'est toi qui m'aurais demandé à boire. » Puis la longue tirade sur l'eau vive qui jaillira en fontaine jusque dans la vie éternelle.

Fallait-il se demander alors si me suit l'âme de ceux pour qui je prie et si je les rejoindrai un jour, seigneur Dieu ? Il n'y a de réponse que dans la parole des évangiles : *« Celui qui boira de l'eau que je lui donnerai vivra éternellement.* » A quoi la Samaritaine, qui vient deux fois par jour au puits, répond : *« Donne-moi de cette eau. »*

Ah ! oui, de cette eau, plutôt que du Coca-Cola.

Et tout à coup, cher Seigneur, éclata la nouvelle que la fin du monde était proche. D'abord à la suite de l'entrefilet d'un journal de province qui la publia sans y attacher autrement d'importance. On la tenait d'un collaborateur occasionnel, astronome à ses heures, qui croyait avoir découvert le passage proche, mais en quel temps ? d'une comète ou d'un astéroïde. Un journal de Paris répercuta l'information qui se répandit alors comme une traînée de poudre, et le gouvernement s'en mêla.

Il semblait clair que notre Terre bien-aimée était en difficulté, et que, dans tous les gouvernements d'Amérique, d'Europe et de Chine, déjà au courant par leurs propres services scientifiques, on envisageait des solutions d'extrême urgence avant de décider qui commanderait l'ensemble. J'appris que, bien que leur mission fût fixée avec précision, les comètes se permettaient parfois des fantaisies et visitaient des astres qui n'étaient pas dans leur plan de vol. Aussi y laissaient-elles parfois des plumes quand elles n'y achevaient pas leur course. Les Etats-Unis allaient simuler en laboratoire les conséquences du choc de Greta, c'était le nom qu'on lui avait donné, contre la Terre, on pensait même qu'il n'était pas impossible de dévier sa trajectoire par l'envoi de quelques super-bombes atomiques du Pentagone. Au moins cela aurait servi à quelque chose, le nucléaire.

Pour les uns, il s'agissait d'une comète ; d'autres, qui se prétendaient mieux renseignés, assuraient que c'était un énorme astéroïde qui menaçait la Terre. Comment savait-on que l'astéroïde était en route, détaché d'une autre galaxie que la nôtre, ou résidu de la création ou du big bang, et pourquoi nous aurait-il visés, nous, une si petite chose dans le cosmos, cet Ostrogoth ? car c'est ainsi qu'on l'appelait aussi. De si loin, à des mois ou des années de voyage, d'errance peut-être, hésitant entre diverses attractions, l'Ostrogoth devait déboucher en vue du système solaire et ensuite viser la Terre comme s'il n'y avait rien d'autre qu'elle. Evidemment, dis-je en moi-même en m'adressant à vous, Seigneur, il n'y a rien d'autre que la Terre pour rivaliser avec Dieu, à part la mort. Il n'y avait que la mort à avoir été vaincue par le Christ, dans l'esprit de saint Paul, qui pensait à Jésus ressuscité. L'homme lui-même allait bientôt voir ou savoir si vous existez ou non, seigneur Dieu, s'il s'agit d'un bobard, inventé par qui ? d'une vaste blague répandue par un tyran qui avait trouvé ce moyen pour aider ses victimes à le supporter, ou d'une promesse de vie éternelle pour encaisser les tourments de la vie passagère. Viser Mars ou Vénus ou Jupiter, c'était tomber sur un bec, là il n'y avait d'hommes nulle part. Alors, qui détruire ? Karl Marx avait bien eu raison d'ériger en lieu commun que la religion était l'opium du peuple. Pour le peuple, le suc des capsules de pavot ? Ô juste, subtil et puissant opium, disais-je après Baudelaire. Je ne m'étais pas laissé séduire par l'opium. Les rares fois où j'avais été tenté, c'était tout au début de ma carrière d'officier, quand un capitaine qui m'aimait bien m'y avait initié, un moment dont je n'ai jamais parlé, et, plus tard, en Indochine, pour gommer la réalité.

Tout était en train de changer depuis qu'on attendait Greta, devenue comme Ostrogoth une star de terreur, encore que certains éditorialistes feignaient de considérer cela comme une fumisterie. L'argent perdait sa valeur, certains magasins de luxe soldaient, les voitures ne se vendaient plus ou peu, la Bourse était détraquée, des gens faisaient fortune, d'autres se ruinaient, les mœurs étaient débridées et les églises pleines, une animation violente et le brigandage secouaient les villes. Tout se déglinguait en même temps qu'une espèce de fièvre, presque de la folie, prenait possession des esprits et des corps. La frénésie gagnait l'Asie, l'Amérique du Sud, l'Afrique, mais que pouvait-on inventer quand on était un Noir de Somalie où sévissait la famine, là où l'on situait d'habitude les origines de l'homme ? Seule la Chine semblait ne pas bouger. En apparence. Une conférence à laquelle j'assistai par hasard à la télé, et dont le détail de ce qui s'y disait m'échappait, devint houleuse. Quelqu'un se leva tout à coup, et pointa un doigt vers un membre du bureau, que j'identifiai comme le représentant des Etats-Unis d'Amérique. « Vous êtes toujours les mêmes despotes, dit-il d'une voix sifflante, le monde vous appartient en propre, vous méprisez tout ce qui n'est pas vous, et pourquoi seriez-vous les seuls en cause ? Pourquoi n'aurions-nous pas droit nous aussi à une protection ? Seriez-vous les seuls à mériter le titre d'hommes ? Qu'avez-vous fait jusqu'à présent pour l'humanité à part des guerres où vous testiez votre armement sans donner votre sang ? »

Un brouhaha s'ensuivit aussitôt, mais, de la moitié d'oreille qui me reste, j'entendis la voix perçante de l'accusateur. Il dénonçait le dessein des Etats-Unis d'Amérique de vouloir dévier la trajectoire de l'astéroïde sur l'Afrique et l'Asie du Sud-Est. Ainsi, les Etats-Unis échapperaient-ils à la destruction totale et pourraient-ils imposer leur hégémonie sur ce qui resterait de notre planète... C'était là, me sembla-t-il, présumer avec beaucoup de certitude de ce que pouvait le Pentagone, mais pouvait-il douter de la souveraineté des Etats-Unis en toute chose ? Et de la télé soudain souveraine ?

Parfois, la nuit, je rêve aussi que je marche allégrement sur un chemin de campagne en légère pente, ce qui m'aide à retrouver la cadence de cet âge où l'on croit que tout va durer, que le cœur battra toujours. Je rêve alors que je dévore l'espace à grandes enjambées à travers les étoiles. La nuit me plonge dans l'éternelle question : la Terre se retournera-t-elle ? Y aura-t-il un nouveau jour ? Pourquoi la lumière qui nous a quittés reviendrait-elle ? Les lois qui gouvernent notre univers ne vont pas changer brutalement. Si la Terre tourne aujourd'hui elle tournera demain. Cependant, les ténèbres font peser une menace : pourquoi ne pas en finir cette nuit-là ? La profondeur de l'ombre baigne le cosmos et fait trembler son immense espace de charbon et de suie où notre petite planète de tendre azur bascule du côté où brille le soleil. De l'autre, c'est l'obscurité redoutable, la peur panique.

Justement, cette nuit-là, quelque chose luisait, semblait-il, à des milliers d'années-lumière. Des écailles à peine éclairées, suivies de ce qu'on pouvait prendre pour une traîne de poussière sidérale, la comète Greta dont on avait parlé la veille dans les médias, preuve de votre existence, Seigneur, sinon que serait-ce ? « Que ne suis-je, m'écrivait mon ami Dominique de Roux, le valet de pied du Saint-Esprit ! Je ne serais sûr que de la vanité de cette crainte. »

Le passage d'une comète m'émeut intimement quand il aura lieu la nuit même, entre la queue de la Grande Ourse et Arcturus, par exemple. Un frémissement s'empare de moi. Je ne tiens plus en place. Avec avidité, je scrute le ciel brouillé, je compte les heures. Pourrai-je, saurai-je découvrir cette merveille ? Je suis amoureux d'une belle qui va s'approcher de moi. Oui, mais à distance. A combien d'années-lumière ? Et lorsque j'apprends de nouveau que des milliards de comètes existent, et qu'à je ne sais quelle distance vertigineuse un entrepôt de mille milliards de ces oiseaux de feu se situe dans une région que les astronomes appellent Oort, j'en tremble en mon for intérieur. C'est de là que la belle est partie, c'est là qu'elle va revenir, sans escale, à son port comme un navire. Je songe avec effroi à cette machinerie céleste.

La comète est-elle un signe, un signal, une annonciatrice ? Et qu'est-ce qu'une annonciatrice, sinon un ange ? Et qui peut envoyer un ange aux hommes, sinon Dieu ? Alors, à l'heure dite, j'écarquille les yeux derrière des jumelles, je distingue à peine Mérak et Phecda, deux des roues de la Grande Ourse. Quant à Arcturus, ce sera pour une autre fois. Arcturus est ensevelie dans les nuées. C'est là que j'attends la bien-aimée, dans ce magma encombré de vapeurs, je croirai apercevoir une écaille de sa queue scintillante, et me voilà retombé de haut. « Vous l'avez vue ? » me demande-t-on. J'ai cru, il m'a semblé... Je n'ai pas pu confondre avec Aldébaran, beaucoup plus bas, ce qui est une façon de parler, le bas, le haut, qui nous appartient à nous qui sommes de la Terre. Pour en savoir plus, on allait lancer une sonde.

Une question me revient à l'esprit à propos de ce magasin Oort où les comètes attendent, au garage, bien rangées, qu'on leur commande de sortir pour leur tour de piste. Depuis des milliards d'années, il en est ainsi, me dit-on. Que faisiez-vous pendant ce temps-là, beau seigneur ? A quoi vous occupiez-vous ? Le temps existe bien, puisque des choses commencent et finissent. L'homme n'est pas encore né dans vos desseins, une multitude d'astres tournent sur leur trajectoire, chacun la sienne, dans le néant, sans trop se cogner les uns aux autres, ou se cognant, en s'arrachant quelques cailloux ou quelques nuages de gaz, au diable l'avarice, en catapultant une lune ou deux de plus dans l'espace noir, car il est noir. Qu'en pensez-vous ? Comptez-vous vos comètes de temps en temps comme un avare ses pièces d'or pour vérifier si l'une d'elles ne s'est pas esbignée ? Vous leur parlez peut-être et elles, que se disent-elles ? Rien. Ce sont des créatures d'air et de gaz, sans âme et sans conscience. Des jouets alors ? Des envoyés spéciaux de quelle galaxie ? Dieu ne s'amuse pas, il a trop à faire, nous occupons trop sa pensée, sans compter le reste de l'univers. Peut-être avez-vous créé des mondes déjà disparus, sous les eaux ou sous le feu, ou qui se sont fracassés les uns contre les autres avec leurs créatures mortelles, à moins qu'ils soient congelés dans les glaces au sein d'une autre galaxie ou d'une autre Vénus.

C'est à cela que je pensais quand Tania m'avait

ramené chez nous dans sa petite voiture, quand un brusque tournant découvrit, soudain et un instant à nos yeux, l'église romane, citadelle et brillante forteresse qui domine notre rocher. Alors, il me sembla m'envoler d'un irrésistible coup d'aile et dans un grondement de tonnerre qui n'était pour les habitants de notre bourg que le signe qu'un avion de chasse venait de franchir le mur du son. Les vaches ne s'en émouvaient même plus, elles y étaient habituées. Je subis une telle poussée dans le dos, une telle accélération que j'en eus le souffle encore plus coupé que d'habitude, et je restai sans voix, presque sans âme, et le dos brisé. La basilique fila en un éclair, le sol et les collines s'engouffrèrent dans une bouffée de vapeurs, nous montions un peu à droite du soleil, déjà l'horizon prenait la courbe d'une barrique puis, en un temps très court, s'assombrit. Nous avions crevé la couche d'air respirable. Je me demandai ce qui nous arrivait et comment nous allions survivre, quand je m'aperçus que je n'étais plus assis sur le maigre siège avant de la Renault 5.

Un vertige me saisit. Je me sentis soudain au sein de votre création, en plein foutoir, dans un amas, contrôlé ou non, de galères ou de frégates astrales qui se baladent au hasard et détruisent la Terre en passant, à la vue du spectateur terrorisé, serré dans un bolide devant quoi tout se passe en silence, comme pour des poissons dans la mer, à des étages inférieurs, mais risquant de se rencontrer. Et là-dedans une comète se dirige au petit bonheur sur une parabole de fantaisie, comme téléguidée par un système supérieur, vous, par exemple, seigneur Dieu. Autrefois on disait qu'une comète annonçait un grand événement, des malheurs, une guerre, la naissance d'un grand roi. Presque couché dans une sorte de coquille de métal fauve, fixé à l'armature par un harnais comme en portent les pilotes de bolides, je m'attendais à ne distinguer de l'extérieur qu'un champ étroit par un hublot alors qu'un vitrage de grande dimension sembla nous recouvrir, presque nous envelopper, et je me reconnus en plein ciel et en plein désarroi. Sans repère et les fesses serrées.

Tassé, écrabouillé où j'étais, incapable du moindre mouvement, je sentais notre fusée siffler, parfois trembler, mais était-ce une fusée ? L'engin rugissait à certains moments, sans doute quand nous changions d'étage et que de nouveaux moteurs prenaient le relais de ceux qui nous quittaient, pour retomber où ? Les sifflements diminuèrent d'intensité puis s'éteignirent presque, comme s'ils jaillissaient de la lumière sur de somptueuses étoiles, Sirius ou Arcturus, seul souvenir qui me restait de mes anciennes et pauvres navigations de bombardier. Aussitôt, cela devint un scintillement auprès de quoi pâlissait ce que j'avais admiré au Sahara pendant les nuits où l'on redoutait de voir certains astres se décrocher du ciel. Notre engin me sembla rouler doucement sur lui-même et j'aperçus, inattendue, souveraine, joyau de la création, ce que je confondis d'abord avec une partie de la Lune, qui était en vérité notre propre planète que nous venions à peine de quitter et qui semblait déjà à une distance phénoménale. Au jugé, je me dis que nous devions être à plus de trois ou quatre cents kilomètres d'altitude, pas encore détachés de ce qui nous retenait puisque l'ensemble de la planète ne m'apparaissait pas. C'était bien à peine comme sa cambrure, et soudain, je reconnus la Lune, toute barbouillée d'ocre, accrochée près de nous comme une lanterne vénitienne d'autrefois, du temps où peu de chose nous amusait. Pour moi, je m'étonnai de n'être pas envahi par l'effroi, car enfin qui nous avait expédiés ainsi ? Où allions-nous ? Il m'avait semblé que Tania était derrière moi, mais je m'aperçus avec terreur et un peu de soulagement que j'étais seul, et je m'écriai en moi-même : « Mon Dieu... », comme je l'avais fait toute ma vie chaque fois que j'avais peur, par réflexe, sans même penser que vous pouviez m'entendre, vous ou qui que ce soit d'autre. Et me sauver. Là, il me semblait bien que vous ne vous occupiez pas de moi et que j'étais livré à ceux qui m'expédiaient, je ne savais où, au plus profond de quoi ? Mon Dieu, si j'en avais un, se foutait bien de moi.

Une lueur de conscience me revenant, je me mis à trembler de tous mes membres, mais ils étaient si collés contre le siège que je ne percevais ce tremblement qu'en imagination, comme si je l'éprouvais vraiment au-dedans de moi. Les étoiles se rapprochaient, du moins sembla-t-il à mes yeux, car nous n'en étions pas à apprécier de telles distances, je me dis que nous avions sans doute échappé à la couche d'air et de gaz divers qui forment les environs de notre planète, les étoiles me paraissaient plus proches parce que je les voyais mieux, parce que, maintenant à cinq ou six cents kilomètres de la Terre, l'atmosphère était plus pure, mais le bolide avait atteint son plafond, me sembla-t-il.

Nous filions, encore que, sans repères, je pouvais me croire immobile, la fusée avait dépassé depuis belle lurette les stations russe et américaine que je distinguais plus bas que nous et plus vers le nord, mais où était le nord ? Tout paraissait d'un autre monde. Dans l'espace naviguaient de nombreux satellites pareils à des casseroles lancées à l'aveuglette à travers quoi ? Il me sembla apercevoir dans la zone la plus sombre, vers ce que je crus le haut, des points lumineux que je pris d'abord, seul souvenir qui me restait de mon existence terrestre, pour la Voie lactée : comme des tuiles d'or échappées de quel toit ? Je me décidai pour la queue de ma comète, la traîne plutôt, cet amas que je pouvais situer derrière ma tête, notion bien théorique appliquée à des masses de gaz, comme il en existe sur le Soleil ou à l'intérieur des astres, et des planètes en feu, sinon comment seraient-ils lumineux ? Je m'efforçai en vain de regarder derrière moi. Je souhaitais attirer l'attention de quelqu'un, d'un pilote aux commandes, mais j'eus le sentiment de ma solitude, et j'en souffris. On m'avait séparé et je ne m'en révoltais pas. Alors il m'apparut que j'avais abandonné mon existence terrestre pour un monde inconnu où les notions de cœur, de distances ou de nourriture n'étaient plus de mise. J'étais ailleurs, je ne savais ni où ni pourquoi j'avais changé de nature, je n'étais plus un homme et rien ne pouvait m'éclairer sur mon nouvel état, dans une machine aux parois encombrées de boîtiers, de câbles et d'appareils de mesure, du moins c'est ce qui me sembla. Les nausées, qui m'effleuraient depuis le moment du rapt et du départ dans l'espace, s'emparaient de moi. J'eus violemment envie de vomir. Je m'en délivrai.

A l'idée que je ne pouvais me satisfaire de ma situation, le désespoir s'empara de moi, je ressemblais à un navire perdu qui tenait encore la mer, j'étais ligoté, et seul, dans un vaisseau spatial qui roulait sur lui-même. Lancé par qui et vers quoi ? Mystère. A quoi, par une métamorphose que je considérais, à tort sans doute, comme mon univers, je me découvris soumis à une fatalité. « Ne serais-je pas mort ? » me demandai-je soudain. Je voyais, je pensais, j'éprouvais des sentiments, je vivais donc puisque j'avais envie de vomir, mais d'une autre façon, qui n'était pas de l'esprit seul, ou alors, si j'étais mort, rien ne correspondait à ce qu'on avait coutume de penser de la mort. Je pensais encore, je voyais, j'entendais, comme estourbi, je me souvenais, mais je ne pouvais pas intervenir. Il me semblait cependant m'éloigner, car la Terre m'apparaissait presque tout entière, mais je ne la voyais pas tourner, sans doute parce que, encore soumis au phénomène de son attraction, je tournais en même temps qu'elle et à la même vitesse.

Où allais-je ? La question aurait dû m'épouvanter et me laissait impavide, presque indifférent, j'étais curieux, dans le fond. Si cette ruée dans la banlieue du cosmos était commune à tous les hommes d'âge, qu'importait ? L'Afrique était à présent devant moi avec la tache brillante du Sahara et l'azur de la Méditerranée, quand je me trouvai soudain sans transition dans une salle où quelques hommes étaient assis devant une table de conférence face à un écran large. Des gens importants, des chefs d'Etat, que j'entendais grâce à un haut-parleur, disaient que Greta se dirigeait vers la Terre et allait s'y écraser. Je compris que cette Greta était ma comète. On rappelait que cela s'était déjà produit une fois, il y avait soixante-cinq ou cent millions d'années au Mexique où subsistaient les traces d'un cratère de trois cents kilomètres de diamètre, à une époque où n'était même pas apparu sur Terre l'*homo erectus*. On avait calculé à présent que l'arrivée de la comète engendrerait une onde de choc équivalant à l'explosion d'une charge de trois cents milliards de tonnes de TNT, et les Etats-Unis proposaient une fois de plus de détruire la comète à son approche de la Terre. On mettait à l'étude les conséquences de la déflagration prévue. C'est là que j'intervins de ma place. On me regarda avec curiosité, et moi, je ne m'étonnais pas d'être ailleurs, de ne plus souffrir, de marcher comme un jeune homme et de ne plus bafouiller en parlant. Le milieu dans lequel je venais d'être piégé ne m'inquiétait pas non plus outre mesure. « Cette Greta, dis-je, je la connais, je viens de l'apercevoir, elle semble moins importante que vous le dites. » On me demanda si sa vitesse de croisière dépassait les deux cents kilomètres à la seconde qu'on savait d'elle, et où elle était. Je fus bien incapable de répondre. « Où est-elle par rapport à vous ? » demanda quelqu'un avec un brin d'impatience dans la voix. Je répondis que je l'aurais vue à hauteur de mon bras droit si j'avais pu le lever. « Et vous, où êtes-vous ? » me demanda celui que je jugeais le président. Je restai coi, honteux de ne savoir ni où j'étais ni ce que je faisais là. J'avais dû être dépêché comme éclaireur. C'était raté, mais personne ne me le montra. J'eus envie de dire : « A la grâce de Dieu », mais je me tus car ces hommes-là me paraissaient un conseil d'incroyants. Je n'allais pas dire que ma comète semblait naviguer en lisière du système solaire et qu'elle dégorgeait des tonnes de vapeurs brillantes à la seconde, on m'aurait ri au nez, étais-je sûr de quelque chose ? Surtout pas de vous, seigneur du cosmos, de cet infini aveugle encombré d'ustensiles de cuisine où maintenant je me mettais à trembler à la seule pensée d'y être passé, de m'y être risqué, à la seule donnée que les gaz pouvaient peser des tonnes. Cela, l'avais-je dit ou seulement colporté ? Et si j'avais été touché par une de ces cochonneries qui nous frôlaient, que se serait-il passé ? Désemparés, aurions-nous tourné sans cesse autour du Soleil ou d'autres étoiles, nous aussi, ou simplement autour de la Terre jusqu'à ce que mort s'ensuive ? Et qui cela, « nous » ? Les cosmonautes qui étaient sortis pour réparer une antenne et qui ne pouvaient plus rentrer dans leur capsule et se mettaient eux aussi à tourner, à tourner jusqu'au jour du Jugement.

Une fois de plus, je m'adressai à vous, seigneur Dieu. Il me semblait que vous aviez donné une preuve de votre non-existence avec le passage de cet aérolithe qui allait fracasser la Terre. Il était inconcevable que vous ne vous soyez pas manifesté par orages sidéraux ou branle-bas dans les étoiles. Ou alors fallait-il considérer cette fausse alerte comme un signe avant-coureur de ce que vous nous promettiez ? Pour chaque hypothèse, il y avait réponse. Et, chaque fois, de vous, motus.

A des distances pour moi incommensurables, quelques esprits subtils s'acharnaient à savoir si la vie avait pu apparaître sur Mars quelques milliards d'années auparavant et disparaître en y laissant des griffures. On disait qu'il en serait de même sur notre planète une fois que l'astéroïde l'aurait ravagée, si l'homme n'y avait rien laissé de solide. J'osai suggérer : peut-être la Tour Eiffel, assise sur quatre pieds seulement et moins inébranlable que les Pyramides, vestige de la grande Babylone détruite par le feu du ciel et le choc des astéroïdes, d'après l'auteur de l'Apocalypse, Jean, le disciple que Jésus aimait. Ce sont des questions que d'autres créatures que l'homme se poseront plus tard, l'homme disparu. En vérité, nous ne savons pas encore d'où nous venons et nous ignorons tout de notre au-delà, sinon que vous nous auriez faits mortels à notre naissance et immortels de désirs, ce qui nous angoisse tant : croire à des calembredaines ou finir désespérés.

C'est ce que je me disais déjà, lors de mon premier séjour au Val-de-Grâce, quand j'attendais Josée. Après l'intervention chirurgicale de mon sinus gauche, presque une trépanation, quand j'avais la tête enflée comme une citrouille et que je me croyais défiguré pour la vie. Ah ! je me moquais bien que ce soit Véga ou Arcturus l'objectif d'une nouvelle NASA. Je me demandais ce que Josée allait me dire, et, craignant la personnalité qu'elle avait, je revenais à son regard une fois où j'avais cru y déceler un éclat ou une lueur d'ironie. Peut-être Josée se demandait-elle comment elle pouvait s'encombrer de ce grand dadais d'officier, si jeune, sans expérience et sans avenir. Sur elle, j'en savais moins qu'elle sur moi. Pourquoi ne parlait-elle jamais d'elle ? Elle sentait probablement que notre rencontre ne servirait à rien, même pas à nous rendre malheureux, ou peut-être que cela compliquerait notre vie d'une telle façon qu'il valait mieux tout arrêter. Voilà où ça mène, une réflexion sur le cosmos.

Soudain, il me sembla que je me réveillais. J'en eus conscience lentement, doutant de mes impressions alors que je reconnaissais mon lit, et, à la pâle lumière de la veilleuse, le plafond en poutres de chêne et les entours de mes bibliothèques. Confondu, troublé, comme désarçonné d'une monture qui allait continuer sa course sans moi, je me demandai où j'en étais de moi-même. En tout cas, dans un état de non-souffrance sinon de bien-être, comme voguant encore dans un cosmos où je n'aurais pas eu besoin d'aide pour respirer. Plus d'étoiles, plus d'astéroïdes, j'étais étourdi et comme perdu au milieu de tant de trajectoires visibles et invisibles, soumises à une notion de temps qui n'était pas la mienne, moi-même écrabouillé par une sorte de flottement dans le vide, et sans le moindre désir de m'adapter à ce qui venait de me quitter.

Incapable de relier l'instant du virage en épingle à cheveux sur la route qui nous ramenait chez nous, où quelque diablerie m'avait cueilli et ensorcelé, j'avais perdu toute idée de ce qui m'était advenu, et, en particulier, l'idée du temps. Je me demandai quelle heure il était. Combien de jours étaient passés depuis que j'avais été arraché à l'écorce terrestre près de Vézelay, ou alors s'agissait-il seulement de quelques minutes ? Avais-je vécu une part importante de la journée ou de ma vie ? J'ai souvent médité sur ce qu'on appelle l'éternité. Pour nous, les hommes, c'est l'immensité d'un océan sans fin, sans espoir de voir jamais apparaître une voile, un amer, une île ou le cap d'un continent. A des écoliers sur les pentes d'un volcan mal éteint de notre Massif Central, on dit que les strates d'une paroi étaient jadis de la lave en fusion. A présent, on y voit une croûte végétale où l'herbe pousse. « Il y a combien de temps qu'ils étaient volcans ? demande quelqu'un. – Oh ! répond un professeur, peut-être huit cents millions d'années, peut-être un milliard ou davantage. » On reste songeurs, pris de vertige devant notre état de nomades si peu assurés du pâturage des pères. Quand on va sur les traces d'un des cataclysmes qui ont compté dans l'histoire de la Terre, on apprend qu'il a eu lieu bien avant l'apparition de l'amibe et de l'homme, ou de l'amibe et, peut-être, de l'homme. Peut-être une autre chute d'astéroïde se produira-t-elle quand l'espèce humaine aura disparu. Et alors la Terre demeurera, elle aussi, avec des traces de mers et de rivières à sec, avec de l'eau réfugiée à de grandes profondeurs et transformée en glace. Est-ce pour cela que l'homme avait un si grand désir de savoir ce qu'était devenue Mars, image tragique et comme ensanglantée de ce qui nous attendait ? Entre les deux catastrophes, quelques centaines de millions ou un milliard de siècles et il peut s'agir, dans le cas où l'on est bouclé dans une capsule volante, de quelques heures ou de quelques minutes, même pas un éclair d'éternité. La Terre continue, on ne sait pourquoi, de tourner sur elle-même et autour du Soleil, tout comme les autres astres, et vous, Seigneur, où en êtes-vous ? Il y a belle lurette que l'homme est né, peut-être d'un ensemencement imprévu de comète, peut-être d'un geste de vous, si vous existez, peut-être de rien ou d'un hasard, d'une sélection parmi un troupeau de macaques ou d'orangs-outangs, de ce qui se passe ou ne se passe pas dans les mystères. Comètes et astéroïdes, prévus ou pas, s'élancent sur leur bonhomme de plan de vol et, dans l'immensité qui nous hante, parcourent ainsi de l'année-lumière à la pelle, et quelquefois se heurtent à une autre créature en dehors de sa course, on ne saura jamais pourquoi, et s'y fracassent dans l'indifférence totale. Qu'en dites-vous ?

Respirons un instant. Je finissais par me sentir à l'aise dans mon lit, au chaud comme j'avais dû l'être dans le ventre de ma mère, ne pensant plus aux antibiotiques qui m'avaient déglingué et transformé en douleur chimique, à la nécessité d'un infirmier pour aller à mon fauteuil, remonter dans mes plumes ou transbahuter mon véhicule dans les souterrains venteux des hôpitaux à la recherche du scanner, calculant l'heure qui ramènerait Tania près de moi, seul bonheur qui me restait. Ainsi n'avais-je pas la moindre envie de bouger. Je fermai les yeux et me surpris à vous invoquer encore : « Mon Dieu, mon Dieu... » soupirai-je, tout comme les équipages du *Bomber Command* de la RAF qui, au bout de leur route en zigzag, découvraient le volcan de fumées et de flammes où ils devaient passer avec le risque d'y rester, sans se débarrasser de leur cargaison de mort. Tout au long de ma navigation dans l'espace, j'avais rêvé, et à présent j'étais saisi de tremblements légers ou de brusques secousses des membres, signes de la peur que j'éprouvais ou de la maladie dont je souffrais encore. Où serait la honte ? Passer de mon lit à un vaisseau spatial et du plancher des vaches au spectacle du dos monstrueux de la Terre étalé sous des brumes piquées de lueurs, aller sans savoir où l'on va ni même où l'on est, sentir en soi un vide dans la poitrine et dans le ventre, gagné par une terreur panique, quoi d'étonnant si le seul mot qui vienne aux lèvres est celui de Dieu, d'un Dieu qui existerait ou n'existerait pas, mais qui serait l'auteur de la machinerie céleste, alors, pourquoi tout ce fourbi d'astres, à l'infini de l'infini ? Mon Dieu, au secours !

Où est-il, Dieu ? D'où sort-il ? D'un univers inconnu qui se découvre d'un télescope ou sur le tableau noir d'un professeur d'astronomie avec son cortège de planètes, d'étoiles, de comètes et d'astéroïdes lâchés dans un espace où l'on se carambole au hasard ou à la date prévue. Laquelle ? Et de quel temps ? Dites-le-moi, que je sache où j'en suis.

Dans mon rêve, et comment aurais-je douté d'avoir rêvé ? j'avais senti l'étourdissement puis l'égarement du vertige que j'analysais à présent. Une émotion me gagnait, alors que, pendant ma navigation, j'avais paru impassible, inconscient plutôt. Qui que vous soyez, et même si vous n'existez pas, oui, mon Dieu, au secours !... Le cri même que pousse Louise de Vilmorin dans sa tombe sous un gazon anonyme, tout contre la maison familiale tout près de son dernier et premier amour, Malraux. Un hurlement d'épouvante, c'est le mot. Il faut rêver pour contempler de sang-froid, sans assise, sans assistance, le vide astral, abîme qu'une sensation de vitesse ne comble pas. On est là, ébahi, stupéfait, paralysé, que reste-t-il à penser sinon qu'on devient fou et qu'on va éclater ? On ne sait même pas qu'on va vite puisque les points de repère sont à des distances phénoménales, la vitesse ne grise donc pas. Pour aller de la Terre à Mars, il faudra six mois. Six mois dans un wagon ? Plus vite, plus vite, c'est la demande générale.

Je suis de nouveau chez moi, Tania accompagne l'ombre que je suis. J'emprunte chaque matin la rue du Chapître creusée d'ornières et de nids-de-poule, constellée de crottes de chien et domaine des pigeons qui s'y baignent en roucoulant. C'est là le commencement de ce qu'on appelle une promenade sacrée.

– Lève tes pieds !

Ils sont en plomb, mes pieds, et soudain je n'en peux plus. Le prochain banc est encore loin, en voici un sur quoi je m'affale, une dalle qu'on n'a pu enlever quand l'abbaye a été vendue aux enchères il y a deux siècles, à moins qu'on l'ait laissée volontairement sur place, car nous sommes là sur un ancien cimetière des moines. Je devine sur la pierre HIC JACET, mais le nom m'échappe, brouillé par le temps. Le chemin est, de toute part, hérissé d'ossements devenus éclats aigus qui se confondent avec des débris humains que les cantonniers prennent pour de la caillasse répandue au hasard des coups de pelle. « Ah ! me dis-je en me relevant, la pioche des fossoyeurs et le souffle des tempêtes ont transbahuté les restes des moines et des abbés, sans respect pour ce qu'ils ont pu être. »

– Dresse la tête, relance Tania pour m'encourager. C'est vrai, j'ai trop de souci du sol où je pose mes pieds, je dois me souvenir de l'école du soldat sans arme où l'on m'a appris à marcher « la tête haute et droite, le regard fixé devant soi », je me souviens aussi des allées du parc du Val-de-Grâce, de la coupole du dôme de Mansart où les jeunes nonnes jouaient à colin-maillard. Ici, ce rocher qui domine l'horizon ressemble peut-être à ce qu'était la Terre dans les débuts, avant l'homme. A l'infini, les collines se succèdent sur la trace des fleuves qui ont regagné leur lit après avoir éventré les falaises qui les bordaient. Les nuages assaillent les crêtes, la brume s'étend dans les vallées, parfois remonte et s'étale comme des embruns. Je vais ainsi de place en place, de banc en banc, de pierre tombale en pierre tombale, presque sous la nef de la basilique où quatre rois de France sont venus toucher les reliques de l'amoureuse des siècles, qu'on dirait assise sur une montagne d'ossements et de reliques. A certains endroits, on reconnaît des épines de fémurs ou de radius, des cuvettes de sacrum, de coccyx ou d'os iliaques, des brins de tarses et de métatarses, des plaques de fronts, de crânes ou d'ischions, des bouts de phalanges, des chicots de dents ou des rogatons de côtelettes, que sais-je ? Je foule ce monceau funèbre avec respect et une certaine crainte du sacrilège, comme s'il s'agissait là d'un ossuaire de croisades à l'abandon. Je crois me trouver dans la vallée de Josaphat. Il me semble en arpenter péniblement une des collines proches.

A fréquenter ce lieu depuis si longtemps, à tourner comme je le fais chaque jour autour des murs qui perdent leurs blocs un à un, je me dis que le monastère a été rasé, que les cimetières des moines ont disparu, mais les pierres tombales sont partout, on s'assoit dessus, en été on y casse la croûte, il ne manque plus que le tonnerre et la voix du prophète Ezéchiel. Le vent cogne dans les hautes branches des marronniers, des troupes d'oiseaux noirs criaillent dans la nue, on met des barrières au pied de la haute église pour empêcher les enfants d'approcher des écorchures de l'ossuaire, les nuages fument au-dessus des forêts comme s'il y avait le feu, puis se dissipent dans le ciel. Et moi je rentre me recoucher.

Où sont-ils donc, les beaux officiers aviateurs à casquette dorée qui portaient leurs ailes sur la poitrine, des anges auxquels les femmes ne résistaient pas ? Les voilà dépassés, bouclés dans une coque de noix, bardés de cuirasses isolantes, chaussés de bottes de lune et, à travers la vitre du casque, grimaçant des guili-guili à leurs épouses délaissées le temps d'une prestation NASA ou russe, et se livrant à des cabrioles de singes devant l'objectif de la télévision. A la longue, on s'embête, on s'amuse à avaler des bulles qui ne valent pas un bon cassoulet ou un bœuf bourguignon. Ils cachent la lourdeur qu'ils éprouvent sous leur front et les nausées qui leur soulèvent le cœur, d'abord subrepticement, puis carrément, au point qu'ils ont du mal à les garder pour eux seuls et vont dégorger dans le secret pour se soulager, un peu comme des bergers qui n'ont pas l'habitude des mers. Si seulement, là où j'étais, j'avais été équipé comme il se doit, mais je ne m'en étonnai pas, un rêve, vous pensez. On ne va pas assez vite. Même pas l'aboiement nasillard d'un contrôle terrestre quelconque pour le décor. Seulement l'ombre stylisée de notre bonne planète passant et repassant dans un hublot. On s'y serait cru, je m'y croyais, j'osais avouer que j'avais peur, comme, à la ferme de mon enfance, quand on allait, la nuit tombée, jusqu'aux cyprès, là où était la route. Qui pouvait-on rencontrer là ? La même chose qu'ici. Qui y a-t-il au bout de tout ça, s'il y a un bout ? En tout cas, il était long à venir, le bout ! Vous, seigneur Dieu, père attendant le fils prodigue ? Lui, c'était pire.

Curieuse, redoutable sensation de légèreté que j'éprouvais dans mon lit, les jambes repliées. Ensommeillé, je me voyais marchant allégrement, courant presque, chantant le Credo sur les chemins de la terrasse, comme je l'ai fait tant de fois, saisi par la beauté du lieu et ne m'en lassant pas, ne faisant qu'un, du haut des remparts, à l'abrupt qu'assaillaient les dernières fumées des collines avec leur filet d'eau, respirant le vent des forêts et des horizons perdus. Au bout de la promenade, j'arrivais à la longue nef blonde entre ses deux tours, lançant en moi-même les mots souverains : *et vitam venturi sæculi...* et pour la vie du siècle à venir.

De mon excursion à travers l'espace, du rêve qui m'habitait encore, le frémissement s'éteignait peu à peu, j'abordais enfin un banc, une pierre tombale plutôt, puisque, à Vézelay, on ne peut s'asseoir que sur les pierres des cimetières de moines labourés à la Révolution, et que les marchands n'ont pas osé acheter à cause de leur forme ou de leur poids. Quittant le confort de mon sommeil et m'abandonnant au funèbre, je me laissais aller à la contemplation du ciel où des avions de ligne traçaient leur route avec une traîne de neige et de glace dans l'azur des hauteurs. Dans mon rêve, j'avais, sans le savoir, atteint pour nous, Terriens, ce qu'on appelait la vitesse d'évasion. Alors, on peut franchir les couches atmosphériques banales qui entourent la Terre, et on peut aller plus loin en perçant les bas-fonds où l'on racle encore l'écorce terrestre. M'en étais-je rendu compte ? Avais-je seulement pensé qu'à la moindre anicroche, incapable de faire face, j'aurais été condamné à tourner sans fin autour de la Terre, comme la multitude d'épaves qui s'y trouvaient déjà ? Jusqu'à la mort par asphyxie, ou jusqu'à ce que mon sang se mette à bouillir. Cette hypothèse, les cosmonautes et les astronautes ne l'ignorent pas, mais le progrès la rend très improbable, le rêve encore plus.

Nous ne savons à peu près rien de nous et de la Terre que vous auriez créée. La Terre tournerait depuis plusieurs milliards d'années, selon les uns. Moins ou plus selon les autres. Les civilisations grecque et égyptienne sont bien en deçà de l'origine de l'homme ; les croquis de mammouths et de bisons sont les œuvres des hommes de ce temps-là. Les descendants de qui ? De l'*homo erectus*, de l'*homo sapiens* ou du *Neandertal* ? On croit pouvoir parler de nous au futur alors que nous ne vivons pas plus qu'un papillon en nous croyant immortels. Parfois, le soir, n'en pouvant plus d'attendre le sommeil qui ne vient pas, j'ai conscience de mon néant et de mon inexistence. Je n'en peux plus et ne suis même pas sûr de ce que j'essaie d'être. L'homme est une fourmi, un moustique, une mouche avec dans la tête quelque chose qu'on appelle l'esprit, qui ne lui sert à rien, sauf pour quelques rares exceptions. Pascal l'a dit depuis longtemps, Cioran n'a cessé de le répéter et, en fin de compte, n'a pas eu le courage de se suicider, à moins qu'il ait fourré le suicide dans le sac des choses inutiles. Vivant, il pouvait renforcer sa thèse. Mais c'est vrai qu'il faut, pour se suicider, un courage qu'il n'a pas eu et que je n'aurai pas plus que lui quand je vous demande : « Faites que je meure sans m'en apercevoir », comme si on pouvait demander quelque chose à quelqu'un qui n'existe pas.

« Levez les pieds ! » serine mon accompagnateur. La tête haute et droite, le regard fixé droit devant soi, selon le texte qu'aboyaient les caporaux, je m'échine à avancer un pied puis l'autre pour réapprendre à marcher, mais je bute, je glisse, je traîne, je vacille, on me retient. Je ne suis pas encore un colis, la preuve, je me retrouve sur mes deux jambes. Miracle.

Donc, on me réapprenait à marcher et je me croyais perdu dans les espaces. Marcher dans un décor grandiose et sinistre, telle est ma corvée quotidienne si je ne veux pas finir grabataire. Mot redoutable, le grabataire : en être réduit à rien ou presque, rester couché sans pouvoir se lever. « Expirer sur un grabat », exemple type du dictionnaire. Les ténèbres s'épaississaient autour de moi, devant mes familiers je m'efforçais de sourire. A vous, seigneur Dieu, je disais : « Me voici proche de Job. » Je ne disais pas : « Maudit soit le jour où je suis né », mais : « Suis-je coupable ? Malheur à moi ! Suis-je innocent ? Je n'ose lever la tête. » Marche ou crève. Comme je peux je lève mes pieds de plomb et les traînaille comme un député un jour de vote défavorable à l'Assemblée. Je respire la poussière que le vent soulève, je me dis qu'il y a délices d'amour saint en ce qui vient peut-être de la châsse de Marie-Madeleine ou du tombeau d'Ysé, Soleil mythique de Claudel.

Chaque matin, le banc qui domine le cimetière marque une station de mon chemin de croix. De là, on aperçoit un carré où les miens reposent presque tous, Ysé, Max-Pol Fouchet, Georges Bataille, Maurice Clavel. Peut-être ont-ils des entretiens, les nuits de lune, quand le vent faiblit. Quant aux femmes qui incarnent le péché dans toute la littérature catholique, pourquoi ne pas les ériger en dames patronnesses de l'amour ? Vieille, dit-on, Marie-Madeleine s'enferma dans une grotte de la Sainte-Baume et n'en sortit plus, je suppose, pour que personne ne puisse compter les rides de son visage. Quant à Ysé, elle devint laide et acariâtre.

L'une et l'autre ne survivent que parce que leur beauté a été magnifiée, l'une grâce à votre fils, Jésus, l'autre, jusqu'au délire, par le plus grand poète de la chrétienté. Qu'aurait-elle été, d'ailleurs, sans ce poète, Ysé, pour atteindre à la légende ? Le hasard le plus grand lui fait rencontrer sur un navire en route pour la Chine un quelconque fonctionnaire des Affaires étrangères, un certain Paul Claudel, qui vient de rater une vocation religieuse et en est tout étourdi. Encore puceau, il se prend de passion pour la superbe créature, mère d'une impressionnante marmaille, et en devient cinglé au point de lui offrir l'hospitalité avec toute sa famille dans la vaste maison du consulat où, autrefois, il vivait seul, tel fut le piège pour le consul.

Sous le regard complice et canaille du mari, la tornade amoureuse prenait les proportions d'un cyclone au point que le consul, se refusant, pour des motifs religieux, à épouser une femme divorcée, celle-ci s'enfuit avec un troisième luron qui n'avait pas ces scrupules. On vit alors le mari et l'amant courir l'Europe, quitter la Chine à la poursuite de l'aventurière enceinte de nouveau, cette fois du consul. Des années plus tard, devenue personnage de théâtre, on retrouve la donzelle à Vézelay, vieille, laide et sans ressources, quand le poète Claudel, devenu ambassadeur, fatigué de soutenir la pécheresse et sa fille, tente sournoisement de se débarrasser d'elles auprès de son ami Romain Rolland et de sa femme qui vivent là en 1940, alors qu'une nouvelle guerre mondiale a commencé.

Ainsi le personnage d'Ysé devient-il légende. Des passions depuis longtemps éteintes, restent la dévotion et l'enfant du péché. A quoi s'ajoute le mythe qui permet à la pécheresse d'avoir des visions et de vouloir mourir près d'elle. Vos desseins, Seigneur, sont impénétrables, nous voici devant eux victimes de l'amour. L'une, Marie-Madeleine, premier témoin de la Résurrection et sur le témoignage de qui repose pour une grande part la foi chrétienne, victime de l'amour divin, l'autre, Ysé, des faiblesses humaines.

Aujourd'hui, le bruit court que des amants viennent se pâmer sur la tombe de Georges Bataille qui touche celle d'Ysé et de sa fille Louise. Est-ce vrai ? Georges Bataille fut un philosophe grand et modeste : sur sa dalle rien ; seulement sur la bordure basse, et en caractères presque clandestins, son nom. Pour Ysé, peu nombreux les pèlerins qui savent qu'elle gît là, presque aux pieds de la divine amoureuse, ou qui ne savent pas découvrir la phrase de Claudel en hommage à Rosalie-Ysé : *Seule la rose est assez fragile pour exprimer l'éternité.*

C'est là que me conduisaient mes promenades d'autrefois. A présent, avançant à pas comptés au bras de ma compagne, je débouche de la rue du Chapître ou du raidillon de la terrasse, et me dirige vers un dernier banc, là où autrefois tournait un moulin à vent. De là, on domine l'empire des morts. Mieux encore, l'angle où reposent ceux qui ont chanté Vézelay ou brillé grâce à Vézelay : à côté de Bataille et d'Ysé, Maurice Clavel et Max-Pol Fouchet, mon préféré, cet ami dont l'absence me pèse encore. D'abord, pourquoi m'a-t-il quitté ? Où est la différence entre lui et notre âne Ulysse qui veillait sur le lieu, cerbère antique ? Avec un regard d'amitié qui ne s'adresse pas seulement à lui mais à tous ceux qui me manquent, nés comme moi d'une terre cruelle et dévastée, c'est plutôt vous qu'il me faut interroger, Seigneur, une fois de plus. Pourquoi avoir aimé l'homme avec tant de cruauté ? Pourquoi l'avoir enfoncé dans sa condition de singe ou d'*homo sapiens* ? Il aurait été si bien dans la peau d'un rhinocéros, par exemple, si fort, si gros, si menaçant avec sa corne, si invulnérable jusqu'au jour où, flageolant sur ses énormes pattes, il se serait laissé choir dans la boue d'un fleuve, sans connaissance. A ceux qui sont là, à Max-Pol, à Ysé, à Zervos que je n'ai pas connu, je dis : « A bientôt. » Je me lève d'un coup de reins, Tania me suit, nous marchons. Je me dis encore : « Et si tout cela était de la blague ? Si nous avions le même sort que nos chiens, nos chats ou que les hommes d'il y a des milliers d'années ? Si, une fois couchés là, tout était fini ? Si même cela n'avait jamais commencé, pris que nous ayons été dans la glu des traditions ? Si nos parents avaient eux-mêmes été ensevelis dans les prônes des curés, obligés qu'ils étaient d'aller à l'église sous peine d'être considérés comme révolutionnaires ou anarchistes ? Hein ?

En route pour ma crèche. Que dis-je, mon gourbi. Que dis-je encore ? La grande piaule que je ne quitte plus, où je dors sous un lit à baldaquin. Après quoi, les gens diront : il n'était pas à plaindre dans sa cabane. Me suis-je plaint ? De vivre, de vous, Seigneur, oui, affamé et assoiffé comme je suis de douceur et d'amour, alors que j'en donne si peu. En route donc : « Un deux, un deux, ne traîne pas tes pieds ! », me dis-je à moi-même, conscient d'avoir plus l'allure d'un officier prussien décati et en retraite que d'un disciple de saint François d'Assise. « A bientôt, à bientôt », répond Max-Pol en écho, en moi-même encore. « Quel souffle, ce vent qui pousse au retour de la promenade », comme j'avais coutume de dire quand nous revenions de la forêt, le samedi. Sauf dans les grands froids de l'hiver. Voilà aussi quelque chose du passé : les sorties que nous ne faisons plus, qui se sont arrêtées d'elles-mêmes car, à présent, c'est fini, je ne sors plus de la maison, je reste bouclé, défense de quitter ce lieu. J'ai le droit de considérer comme privilégié mon ancien état de marcheur.

Les bois étaient tout recouverts de brumes basses
Déserts, gonflés de pluie et silencieux.
Longtemps avait soufflé ce vent du nord où passent
Par grands voiliers, le soir, et très haut dans l'espace
Les enfants de septembre fuyant vers d'autres cieux.

S'il est un homme capable de transformer en diamants les galets d'une rivière et le fouillis sauvage de nos bois en bonnet d'évêque, c'est encore lui. Il sait aussi répondre aux questions de l'homme. Par l'esprit, il affronte l'immensité des galaxies, par le cœur il atteint la douleur des pietà.

Je peux seulement me traîner d'une pièce à l'autre, de mon lit à colonnes à mon bureau, de mon bureau à la salle de bains. Je peux encore descendre à la cuisine pour les repas, descendre ou monter, marche à marche (il y en a vingt), la main libre sur la rampe, prêt à m'y agripper. Voilà où nous en sommes.

Ce sale caractère, qui me l'a donné, invisible seigneur omnipotent ? Vous ou le père de mon père, inconnu de moi et devant qui tous tremblaient ? Ainsi, pourquoi vouloir me faire sortir de mon lit le matin ? Aucune tâche ne m'attend, je n'ai rien à faire, je suis bien où je suis, au chaud, au calme, revenant à la vie sans brusquerie. Pourquoi ne pas me laisser reprendre contact naturellement avec l'agitation du monde ? Pourquoi ne pas attendre que l'envie me prenne de sortir d'où je suis, par curiosité ou tout bonnement par lassitude d'être trop longtemps quelque part, puisqu'on se lasse de tout, même d'exister ?

A demi prostré, j'aspire dans la petite galette ronde qui remplace le système d'un flacon à gaz surcompressé. A demi couché, ce qui me reste de poumons n'est qu'à peine touché. De même avec l'autre galette de gaz. Puis je tends les chevilles pour un vêtement et des pantoufles. Là, je m'assieds sur le lit, j'essaie de rassembler un peu d'air dans mes poumons, ah ! mon Dieu, et m'élance, soutenu ou retenu, m'agrippe à la vie, reste debout un instant, un œil vers l'urinal de la nuit que je saisis comme je puis, et nous voici en route vers la cuvette où je vais vider mes humeurs. Une marche à monter, quelques pas d'infirme et je m'en tire. Quand je dis que je n'ai rien à faire, je me trompe. En équilibre, je vais, me retenant à tout, soufflant et gémissant jusqu'à ce que je puisse m'asseoir devant le lavabo où je dois me rincer la bouche des particules malgré moi absorbées.

De crise en crise, je vais sans m'en apercevoir. Une fois de plus, je me sens soulevé par de gros bras, roulé dans des corridors, transbahuté sur une civière, poussé dans une ambulance. Il pleut, j'ai froid, on jette sur moi un lambeau de laine, les portes se ferment, nous partons à travers la ville, je n'aperçois que l'avancée des toits et le feuillage des arbres, en moi-même je mâchonne des noms de lieux, je soulève des carrefours, nous voilà sur l'autoroute, la pluie siffle, mes deux compagnons caquettent sans arrêt, mon flacon d'antibiotiques se balance sans cesse, se cogne parfois à mon bras montant, repart, s'arrête. Jadis, je prenais souvent cet itinéraire, jadis, c'est une autre vie, une autre vie, c'est quoi ? On ralentit à Epoisses, je me suis donc trompé, nous ne sommes pas sur l'autoroute, je devine les hauts murs du château où Mme de Sévigné a dormi, je ne respire pas un léger nuage de poudre de riz mais un vague relent de fromage, Semur n'est pas loin, le goutte-à-goutte s'écoule en moi sans que je m'en aperçoive plus qu'à l'hôpital, je n'entends que le dialogue précipité de mon équipage, un bruit de bavardage de spectres. J'aperçois le haut d'un arbre en fleur, le printemps est donc là et, de ma boîte roulante, je vise le bout de son nez, puis le haut d'une tour en ruine, l'hôpital tient sa nouvelle gloire du scanner, mot nouveau qui vient d'Amérique avec un flot d'inepties grandioses qui gouvernent notre vie perdue à travers le Web. Qu'est-ce que le Web ? Rien dans les dictionnaires, rien dans les poches, tout dans la bouche des animateurs de télé qui parlent une langue qui n'est plus la mienne. Me voilà sous l'arche du scanner, je ne respire plus, j'entends frissonner quelque chose, nous repartons sous la pluie, de retour à l'hôpital, le dîner nous attend. Les gros bras : « A bientôt ! » Hop ! me revoilà chez moi avec un bol de bouillon et, ce soir, j'aurai un cachet qui m'aidera à dormir. Espérons que le scanner n'aura rien découvert que ces messieurs voudront aussitôt m'enlever.

Pas touche. Trop vieux, qu'on me laisse finir en paix, c'est ce que je répète à tous ceux qui s'intéressent à moi de trop près.

Hop là ! Encore mes gros bras. Cette fois, un seul ascenseur. Hop là ! pour m'allonger sur une couche maigrelette dans une caverne rouge où l'officiant est un Africain mince et élégant que je salue, qui me sourit : « Je vous ai déjà vu il y a deux jours. » Aucune souvenance. « Vous étiez peut-être inconscient... » Moi, inconscient ? Je me souviendrais au moins de la caverne. « Vous aviez de la fièvre. » Se peut-il que je ne me souvienne de rien ? « Je vous ai déjà vu en échographie. Nous allons prendre plus de temps. » Le ventre à nu, sa petite ritournelle en action qui m'examine d'une obstinée patience qui fouille ce qui doit être mes entrailles, estomac, foie, pancréas, intestin grêle et gros machin, ça ne me fait pas mal, oserai-je l'avouer ? J'ai plaisir qu'on prête attention à mes organes tellement oubliés dans leurs obscures fonctions, si nécessaires pourtant, si éminentes même, qu'il suffit d'une défaillance d'une seule pour que le cœur et même l'esprit soient tourmentés. La main savante et rose monte et descend, s'écarte, revient, repart, caresse, s'élève, retombe. J'apprends que mon praticien n'est pas du Mali, comme je le croyais, mais de la Haute-Volta au-dessus du Niger. Oui. Mes souvenirs de Gao m'assaillent. En ce temps-là, l'administrateur avait sa résidence qui dominait le fleuve tout bleu azur entre ses rives plates enchâssées d'or, et dans son jardin se promenait lentement un jeune lion qui se pavanait avec un air royal. Quelquefois, il apparaissait dans la salle à manger, pendant les repas. Il avait l'air de s'ennuyer, feignait de ne pas s'intéresser au fleuve, au village voisin, aux battements de tambour qui montaient parfois et provoquaient de longs bâillements qui découvraient une puissante mâchoire. J'eus envie de parler de lui à l'Africain qui explorait mes entrailles, mais je me tus, craignant de raviver le temps de la colonisation, béni pour cet Africain-là qui avait pu faire des études en France. « La nature varie avec le temps, dit-il. Les canaux se rétrécissent ou s'élargissent... »

On me remonte. Hop là... Je me sens mieux. Rien ne change. Quand je me penche à droite, un court élancement me poignarde, à gauche, rien. On dirait que lors de mon intervention pour l'appendice, un chirurgien a oublié une pince dans le trou. Cela me gêne moins que de retourner à l'hôpital pour une exploration. Qu'on me fiche la paix.

J'ai laissé le message à mon chercheur africain. A mes visiteurs, je montre un homme exténué qui n'en peut plus, qui a du mal à respirer, à se tenir debout, à marcher, à lire, qui ne peut plus écrire et qui a le plus grand mal à sortir de son lit quand on l'exige de lui et cherche en vain les petits riens qui, autrefois, le retenaient à la vie. La vie n'a plus de charme, plus d'attrait sinon de voir encore ceux qui me sont chers à qui je montre mine défaite, humeur noire ou mutisme calamiteux. En moi-même je me dis que je ne serai pas plus désagréable dans la tombe où je me vois débarrassant le jour de mon inappétence à tout. Le cri des infirmières à l'aube, leur irruption dans les chambres avec leur bol de chocolat ou de café au lait devraient me ressusciter, ça m'exaspère parce que je ne sais comment déplier mon beurre et ma confiture pour les étendre sur mon pain en épargnant mes draps. Je ne connais personne qui ait plus sale caractère que moi. On s'en étonne. Comment avez-vous fait dans la vie ? On m'a toujours supporté, c'est donc que j'en valais la peine, je n'ai forcé personne, c'est plutôt moi qui suis parti. A part cela, j'en conviens, je ne me supporte pas moi-même, ingrat, médisant, peu aimable, jamais flatteur, exigeant en toute chose la perfection, surtout dans l'écriture où sévissent les amateurs parce qu'ils croient qu'il suffit de tenir une plume pour être écrivain, mais non, mes petits amis, il faut encore être longtemps novice, faire ses classes, apprendre à supprimer tout mot inutile alors qu'on est soi-même inutile, chasser les adjectifs parasites, les mots qui ne veulent rien dire, les répétitions, les amphigouris (ce qui ne veut rien dire) comme l'à-peu-près, même en amour, même en bêtise et surtout fuir les imbéciles. Alors, me direz-vous, que reste-t-il ? Pas grand-chose. Un sentier ardu que vous cheminerez en sueur jusqu'à ce que vous rencontriez l'élu, le modèle, l'homme qui changera votre vie et à qui vous resterez fidèle.

J'ai osé dire au chef de service ce que j'ai murmuré au docteur africain, que je voulais m'en aller, maintenant qu'on m'avait rendu la vie.

A peine étions-nous rassurés sur le cataclysme qui nous avait frôlés qu'on en annonça un autre aussi terrifiant qui allait encore nous percuter dans six mois. Cette fois, les gens s'affolèrent. C'était la mort pour tous, la ruine, ou, pour les malins, la fortune avec les cours de la Bourse qui s'effondraient.

C'était la même chose, il s'agissait cette fois d'un énorme bolide détaché d'une planète de je ne sais quelle galaxie, à qui prenait la fantaisie de nous visiter. Les journaux revenaient au cratère du Yucatan qu'on avait découvert quelques années plus tôt au Mexique, large de plusieurs centaines de kilomètres, qui fournissait la preuve qu'un objet de ce genre s'était déjà écrasé sur la Terre, il y avait des millions d'années, avant même l'apparition de l'homme. Cela n'avait en rien modifié quoi que ce fût de la Terre ni changé le sort de l'homme, mais d'autres espèces que la nôtre avaient disparu. Il pouvait cette fois en être de même pour l'homme. Un journaliste ajoutait qu'un corps céleste d'environ cinq cent mille tonnes s'était volatilisé le 30 juin 1908 au-dessus de la Sibérie en causant des dommages immenses. Le nôtre pesait le double, allait obscurcir l'atmosphère et occulter tout ce que le Soleil fournissait de vie à la planète.

La nouvelle, que le gouvernement ne pouvait plus cacher, devint officielle, mais tempérée. La date du 13 octobre 2028, avancée pour l'impact, laissait du temps. On allait reprendre des mesures pour que le Pentagone puisse modifier la flèche de l'objet avec quelques bombes nucléaires qui exploseraient sur son passage à une distance voisine de la Terre. Les Américains savaient placer leurs trucs d'enfer sur des courbes où déjà on filait à des vitesses sidérales, à la vitesse de la Terre dans l'espace, par exemple. Le Pentagone commanda dans le plus grand secret une simulation de l'impact. On savait seulement qu'une comète d'un kilomètre de diamètre et d'un million de tonnes de poussières à vitesse sidérale déchaînerait une onde de choc fantastique.

Avec les super-calculateurs du laboratoire le plus important du globe et ses machines formidables, on imagina le carambolage : une masse de trois kilomètres de diamètre à la vitesse de soixante kilomètres par seconde. L'approche provoquait à elle seule une onde de choc qui creusait une fosse dans la mer, puis une énorme vague balayait tout sur son passage. La ville de San Francisco disparaissait, et, en même temps, un immense voile de gaz et de débris cachait le ciel, obscurcissait l'atmosphère, provoquait un hiver subit et plongeait la Terre dans une nuit qui allait durer des mois ou des années.

Le résultat fut si épouvantable qu'on le connut très vite. L'objet tomberait dans l'océan Pacifique, à l'ouest des Etats-Unis.

Tout cela était à échéance encore lointaine : vingt-huit ans, ce qui permettait de quitter les villes, de s'installer sur le flanc d'une montagne, de ne plus faire d'enfants. Surtout de ne plus faire d'enfants. On pouvait rédiger un testament inutile, jouer à la Bourse avec ceux qui ne croyaient à rien, et, s'ils le pouvaient, misaient sur la vie de ce qui leur restait. S'il avait été question d'une comète au lieu d'un astéroïde, la comète se serait volatilisée à la première seconde de l'impact et aurait provoqué aussi des ténèbres. L'astéroïde se fracasserait et fracasserait tout ce qu'il pourrait. Sans doute y aurait-il aussi un raz de marée, mais une partie seulement de la planète serait touchée et la vie finirait par reprendre ailleurs, comme avant. Il suffisait d'attendre et de se protéger du brigandage et des pillards plus que des neiges imprévues. Les armuriers ne vendaient plus d'armes car tous leurs stocks étaient épuisés et le commerce des armes interdit comme celui de l'or, ce qui n'empêchait rien. Le désordre et l'anarchie sévissaient partout, l'homme était redevenu un loup pour l'homme, il n'existait plus la moindre morale, et ceux qui affirmaient que la flèche de l'astéroïde serait déviée étaient les plus féroces, ils misaient sur l'innocence ou la sottise des autres. Il n'y avait plus de loi, chacun cherchait à tromper ou à profiter de ce qui pouvait encore exister, comme la bonne foi des simples ou l'avidité des traficoteurs. Cependant, il y avait des religieux, des purs, qui se pressaient dans les églises et dans les monastères, des gens honnêtes ou indifférents. Certains en revenaient à Pascal : « Il y a deux principes qui partagent les volontés des hommes, la cupidité et la charité. » Tania et moi en étions. J'avais essayé de ne pas me laisser toucher par la peur, à mon âge cela aurait été ridicule. Au plus secret de moi, il y avait la jubilation de ne pas mourir sans avoir assisté à ce feu d'artifice auprès de quoi ce que j'avais vu sur la Ruhr n'était qu'une calembredaine. J'avais convaincu Tania, plus croyante que jamais, de rester impavide, chez nous, sur notre rocher sacré, envahi par des foules déboussolées. On s'agglutinait, on voulait habiter là, on se répétait que le lieu serait, dans le cas le moins optimiste, épargné. La basilique dégorgeait, nos moines priaient, les hôtels et les restaurants étaient submergés, et malgré une milice municipale désolée et impuissante, il était facile de prévoir qu'un jour viendrait où tout serait recouvert par la sauvagerie ou le néant.

Alors, Dieu, le seigneur Dieu ? Eh bien, il y avait ceux qui priaient, et les autres. Dieu avait donné aux hommes la liberté, et aux astéroïdes des lois que nous ne connaissions pas, il suffisait de relire l'Apocalypse de Jean. C'est ce que Dieu aurait dit s'il avait daigné répondre. Jésus aussi avait parlé des temps à venir, qu'il disait proches. Cela nous confirmait dans ce que nous attendions, et que les livres saints avaient annoncé : les grandes ténèbres, le tonnerre, les éclairs. Les étoiles tombant du ciel.

Rien ne se passait encore, l'heure n'avait pas sonné, l'ambiance devenait insupportable. Je ne sortais plus de chez moi, même pour les quelques pas qu'il m'était prescrit de faire chaque jour sous menace de devenir grabataire. De mes fenêtres je voyais la foule s'écouler, menaçante et apeurée, et s'engouffrer en partie dans l'église. On nous avait demandé d'accéder à notre parc, ancien lieu de promenade des Ursulines au temps de la Révolution. Comment aurions-nous pu refuser ce qu'on aurait facilement pu obtenir de nous par la force ? La propriété privée n'existait plus, les gendarmes ne protégeaient plus rien, ils erraient comme des âmes en peine, gênés, presque honteux. Pour eux, c'était un cas majeur d'impuissance. Quant à ceux qu'on pouvait appeler des réfugiés, ils avaient dressé des tentes partout jusqu'aux remparts. Ils vinrent nous voir, nous les aidâmes comme nous pûmes, le moment viendrait où, à notre tour, nous serions peut-être entassés dans un coin. De vous, Seigneur, nous attendions le salut. Quel salut ? Celui d'une puissance divine qui n'existait probablement pas, ou qui nous punissait ? D'être nés au hasard sur une planète soumise elle-même au hasard astral et de ne pouvoir attendre de secours que du Pentagone et du hasard ? Les hésitations que j'endurais de mon état me paraissaient bien futiles. J'aurais bien aimé m'en aller avec Tania, mais pour où ? Sur le côté sud de cette partie de la colline et à distance de la basilique, une tribu de chats se blottissaient près de nous, hérissés, apeurés, scandalisés que nous ne puissions pas éloigner cette foule. Leur réprobation se traduisait par des miaulements inquiets, nous étions leur dieu, comme nous étions nous-mêmes vos chats, Seigneur, et vous nous aviez abandonnés. Chassés de partout, pareils bientôt à la troupe alarmée des errants à demi domiciliés sur les pentes sordides, dans les remparts à demi écroulés, nous nous reconnûmes près de ce qui avait été l'autre cimetière des moines, labouré à la Révolution. Une sorte de populo, le peuple de Dieu, votre populace, Seigneur, s'était incrusté là, et les chats, que bientôt on tuerait pour les manger, ne savaient plus où aller. Tania les soignait et les nourrissait. Elle revint, un jour, du no man's land des remparts, effrayée parce qu'elle avait surpris et dérangé des inconnus en train de se livrer à l'amour. Elle ne se déplaçait plus qu'avec appréhension.

Toujours sur le qui-vive, inquiets au moindre bruit, nous avions de la peine à dormir. Quelquefois, en pleine nuit, des gens qu'on n'attendait pas sonnaient à notre porte. Tout devenait impossible, mais la vie était là, et nous devions la remercier de nous laisser encore un cœur qui battait en attendant de n'être même plus chez nous. Où serions-nous ? Je ne peux m'empêcher de rire : Vous seul, Dieu, le saviez, c'est dire, Dieu qui sait tout. Vous, seigneur Dieu, qui veillez sur les petits oiseaux du ciel et pas sur nous.

Un vertige me saisit, le vertige du temps. Il y a des millions d'années que l'homme est apparu en Afrique, il y a quarante mille ans que l'*homo sapiens* dessinait des bisons sur les parois des grottes de Lascaux et d'ailleurs. Et voilà que je m'intéresse à mon sort et au sort des chats à l'ombre d'une église que des moines et des paysans ont élevée il y a à peine mille ans. Les chats, comme les chiens, vivent à peine douze ans, les chevaux un peu plus, mais il n'y a presque plus de chevaux. Nous, les hommes, pourrons bientôt atteindre les cent ans d'âge si on ne nous tue pas plus tôt, puisque la médecine fait tellement de progrès. Voire. Notre père Abraham est mort à cent cinquante ans et a engendré Ismaël près de ce chiffre-là, et Joseph, l'époux légal de la Vierge Marie, est mort à cent dix-huit ans.

Si nous sommes chassés par des hordes d'inconnus en voiture que d'autres hordes chasseront à leur tour, à moins qu'ils ne se tuent les uns les autres, comme de braves gens à qui on enlève le nécessaire vital, c'est alors que la mort m'apparaîtra comme le bien suprême et qu'on l'appellera avec des mots tendres : « Viens, ma chérie, ma petite chatte, viens me délivrer de cette insupportable vie, que je rejoigne le néant dont je suis sorti, dont je ne savais même pas qu'il existait. Accorde-moi ce sommeil bienheureux, pour moi ce repos éternel que j'ai si bien gagné en exterminant ceux qui avaient d'abord voulu nous exterminer, ces gros Allemands gonflés de bière et de saucisses avec des liasses de *Reichsmark* au change avantageux. » Avantageux, que dis-je ! Pour eux. Eh bien, il arrive que ces gras à lard produisent, un jour où ils sont moins saouls que d'habitude, une *gretchen* du genre sublime, une Marlène ou une Greta comme la speakerine dont j'ai déjà parlé, aguichante, allumeuse, affriolante, une vraie pute à l'œil coquin, comment lui résister ? Une lécheuse, une suceuse, une gobeuse, bref une pure baiseuse, une vraie louve en chaleur comme il arrive qu'on en trouve, et encore par hasard, quand on appartient aux troupes d'occupation ici ou là. Et avec ça, belle à vous couper le souffle, et avec des nénés comme vous les aimez, pas trop gros, pas trop petits. Comme devait être, pardonnez-moi, seigneur Dieu, la Madeleine avec de la pratique, quoique les Juifs et les Arabes...

Je ne dirai pas que c'est à cela que je pensais quand cette Allemande inconnue, et pieuse sans doute puisqu'elle était venue en pèlerinage pour me dire que j'étais un assassin, m'accusait d'avoir participé au raid sur la petite ville où elle vivait enfant. Quoique, si c'est une petite ville, ça m'étonne, ça n'était pas nous, nous ne nous attaquions qu'aux grosses. Moi, un assassin ? Après tout, ce n'est pas impossible, pour moi comme pour chaque homme d'armée, qui obéit aux ordres avec une kala, un simple fusil, une arme automatique ou un viseur pour bombes d'avion. Je ne me serais jamais pardonné d'avoir massacré la speakerine. Et eux, les bouffeurs de choucroute, quand ils venaient chez nous et qu'ils envoyaient leurs obus sur les orphelinats ?

Les gens qui nous envahissaient ne venaient pas à pied. Leurs voitures occupaient toutes les rues, toutes les places, et cernaient la basilique. La colline était paralysée. Chaque envahisseur qui voulait se déplacer ou s'en aller renonçait vite à s'extirper de ce monstrueux encombrement, presque un entassement, au point que chaque espace libre sur les bas-côtés était aussitôt obstrué. Au point que tout mouvement, tentative de mouvement ou seulement de remuement était impossible. Notre bourg s'était changé en une masse mécanique hérissée de tôles enchevêtrées les unes dans les autres, une sorte de porc-épic métallique. Si les moteurs de ces bagnoles s'étaient mis en marche, cela aurait transformé la colline en un rocher fumant sous un monceau de carcasses. Je me souvenais d'avoir vu cela sur les photos des journaux quand, par temps de brouillard, l'hiver, les voitures s'encastraient en pleine vitesse les unes dans les autres. C'était ce qu'on me disait, car il n'était pas question pour moi de m'aventurer dans un pareil fouillis que j'apercevais de mes fenêtres, et qui provoquait bien d'autres désordres, auprès de quoi le pèlerinage annuel des Portugais au mois de mai semblait insignifiant, avec ses boîtes de conserve éventrées et ses têtes de poulets, mais dès qu'on sortait des rues ou des routes, les excréments humains débordaient de toute part. A Vézelay, aucun édile en vérité ne s'était préoccupé de cette faiblesse, de cette misère, de la nature humaine des pèlerins. Ils auraient dû, comme le recommandait jadis le conducteur de pèlerinage, prendre leurs précautions en chemin, avant d'entrer dans la ville. De fait, les étrangers cherchaient vainement, d'abord sans mot dire, les commodités, puis ils interrogeaient les commerçants.

On leur faisait un geste à la fois vague et encourageant en leur indiquant le haut, l'espace lointain. De nos jours encore, un seul panonceau W-C, sans flèche, est scellé au carrefour qui ouvre la rue du Chapître à l'angle nord-est de la basilique. On peut s'y engager sans trouver d'autre signe, on sonne alors à quelque maison, à quelque entrée. Si l'on vous répond, on saura que c'est dans la descente vers le village d'Asquins : un bâtiment isolé et assez vaste. Nos visiteurs d'alors, moins timides, se soulageaient un peu partout, contre les murs ou à leur pied.

Le pire ne s'était pas encore produit quand les radios, puis la presse annoncèrent à grand fracas que la Terre n'avait plus rien à craindre. Les savants avouaient qu'ils s'étaient trompés une fois de plus, l'astéroïde ne ferait que frôler notre planète à dix millions de kilomètres. Le soir même, le Premier ministre adjura la nation de reprendre ses esprits, les gendarmes aidèrent la cohue à se dégager, tout rentra dans l'ordre peu à peu, en quelques jours, la basilique retentit de chants d'action de grâces, l'autoroute s'engorgea à son tour, mais elle en avait l'habitude, et ce fut au tour des agents d'assurances de se voir débordés. D'où nous étions, nos voisins et nous observâmes la multitude de bagnoles s'éloigner puis se perdre dans la nature lentement, comme les eaux après une crue. C'était l'abomination qui s'en allait.

La presse locale du lendemain parla longuement des embouteillages qui s'étaient produits aux sorties comme à l'entrée de l'autoroute. Elle signala quelques incidents. Notamment qu'un veau et une dizaine de gorets s'étaient échappés de la ferme de la Justice, sur une colline voisine. On les avait retrouvés noyés dans la rivière qui passe au nord, au pied de chez nous. Les chats réapparurent avec circonspection, ils n'osaient pas encore s'aventurer dans la ville. Tania et moi nous nous regardâmes en silence.

Ayez pitié, mon Dieu, si vous existez, de ce vieil homme désemparé.

Dans ce ciel immense et bleu,
infini,
pareil à un grand oiseau blanc,
une cigogne perdue peut-être,
un tout petit nuage seul et blanc,
très haut,
si tranquille que c'en est extravagant.

Petit nuage, tu t'en vas d'ouest en est
dans le vent des hautes altitudes,
va dire à ma bien-aimée que je l'attends.

Œuvres de Jules Roy (suite)

Récits

MÉMOIRES BARBARES, Albin Michel, 1989.
AMOURS BARBARES, Albin Michel, 1993.
UN APRÈS-GUERRE AMOUREUX, Albin Michel, 1995.
ADIEU MA MÈRE, ADIEU MON CŒUR, Albin Michel, 1996.
JOURNAL, t. 1, Les années déchirement, 1925-1965, Albin Michel, 1997.
JOURNAL, t. 2, Les années cavalières, 1966-1985, Albin Michel, 1998.
JOURNAL, t. 3, Les années de braise, 1986-1996, Albin Michel, 1999.

Essais

COMME UN MAUVAIS ANGE, Charlot, 1946 ; Gallimard, 1960.
L'HOMME À L'ÉPÉE, Gallimard, 1957 ; Julliard, 1960.
AUTOUR DU DRAME, Julliard, 1961.
PASSION ET MORT DE SAINT-EXUPÉRY, Gallimard, 1951 ; Julliard, 1960, La Manufacture, 1987.
LE GRAND NAUFRAGE, Julliard, 1966 ; Albin Michel, 1995.
TURNAU, Sienne, 1976 (hors commerce).
ÉLOGE DE MAX-POL FOUCHET, Actes Sud, 1980.
ÉTRANGER POUR MES FRÈRES, Stock, 1982.
CITOYEN BOLIS, TAMBOUR DE VILLAGE, Voillot, Avallon, 1989.
VÉZELAY OU L'AMOUR FOU, Albin Michel, 1990.
ROSTROPOVITCH, GAINSBOURG ET DIEU, Albin Michel, 1991.

Poèmes

TROIS PRIÈRES POUR DES PILOTES, Alger, Charlot, 1942.
CHANTS ET PRIÈRES POUR DES PILOTES, Charlot, 1943 ; Gallimard, 1948 ; Julliard, 1960.
SEPT POÈMES DE TÉNÈBRES, Paris, 1957 (hors commerce).
PRIÈRE À MADEMOISELLE SAINTE-MADELEINE, Charlot, 1984 ; Bleu du Ciel, Vézelay, 1986.

CHANT D'AMOUR POUR MARSEILLE, Jeanne Laffitte, 1988.
CINQ POÈMES, Voillot, Avallon, 1991.
LA NUIT TOMBE. DEBOUT CAMARADES ! Gérard Oberlé, 1991.

Théâtre

BEAU SANG, Gallimard, 1952 ; Julliard, 1960.
LES CYCLONES, Gallimard, 1953 ; Julliard, 1960.
LE FLEUVE ROUGE, Gallimard, 1957 ; Julliard, 1960.
LA RUE DES ZOUAVES *suivi de* SA MAJESTÉ MONSIEUR CONSTANTIN, Julliard, 1970.
MORT AU CHAMP D'HONNEUR, Albin Michel, 1995.

Pamphlet

J'ACCUSE LE GÉNÉRAL MASSU, Le Seuil, 1972.

Conte

L'ŒIL DE LOUP DU ROI DE PHARAN, Sétif, 1945 (hors commerce).

Avec Jean Amrouche

D'UNE AMITIÉ, CORRESPONDANCE (1937-1962), Édisud, 1985.

Cet ouvrage composé
par I.G.S. - Charente Photogravure
à L'Isle-d'Espagnac,
a été achevé d'imprimer sur Roto-Page
par l'Imprimerie Floch à Mayenne,
pour les Éditions Albin Michel
en février 2001.

N° d'édition : 19415.
N° d'impression : 50698.
Dépôt légal : mars 2001.
Imprimé en France.